© Geist Dr. Dr. Dr. Brückner

Verlag: Performanzverlag

Druck: Libri Plureos GmbH,

Friedensallee 273, 22763 Hamburg

ISBN Hartumschlag: 978-3-9824222-4-4

bibliografische Informationen der deutschen Nationalbibliothek: Die deutsche Nationalbibliothek verzeichnet diese Publikation in der deutschen Nationalbibliografie. Detaillierte bibliografische Daten finden Sie im Internet auf http://dnb.dnb.de.

Semiotik der Regie

Initiative der Wissenschaft Semiotik

Inhalt

1. Vorwort

Zielsetzung

Die Semiotik ist die Wissenschaft der wahren Bedeutungen von Zeichen. Die Regie ist mediale, abstrakte, wahrheits- und rechtsorientierte Vermittlung des Weltraumsystems der Astrophysik. Die unwahre These einer Semiotik in der Geschichte war Abwesenheit einer Erkenntnis von Zeichenbedeutungen. Die unwahre These einer Regie in der Geschichte war Rassenkriminalität im Kontext Weltraumsystem der Astrophysik. Eine Semiotik existierte nicht. Eine Regie existierte nicht. Deshalb bedarf es einer Astrophysik. Deshalb bedarf es einer Semiotik der Astrophysik. Deshalb bedarf es einer Regie der Astrophysik. Deshalb bedarf es mehrerer Wissenschaften. Deshalb bedarf es der Wissenschaft. Semiotik der Regie (Initiative der Wissenschaft Semiotik) vermittelt epistemologische Forschungs- und Beweismethoden, Rechtfertigung für Wissenschaft, notwendige Bedingungen von Wissenschaft, semiotische Analyse, Methode der Zeichenanalyse, astrophysikalische Entwicklungen, Regiewissenschaft in der

Astrophysik, die Geschichte der Regie und Semiotik. Diese Initiative wissenschaftlicher Forschung begründet mehrere Wissenschaften. Zu diesen Wissenschaften gehören die Semiotik, die Astrophysik, die Regiewissenschaft, die Sprachwissenschaft und die astrale Linearwissenschaft. Deren Rechtfertigung ist Zeichenanalyse. Zeichenanalyse ist der wissenschaftliche Beginn von Erkenntnis von Bedeutung, Sprache und Wissenschaft. Das Ziel dieses Buchs ist die Semiotik.

Zielgruppe der Leserschaft

Zur Zielgruppe der Leserschaft gehören ein Fachpublikum, eine theoretisch vorgebildete Leserschaft oder eine Leserschaft mit einem Interesse zu den Themen dieses Werks. Zur Zielgruppe der Leserschaft gehören nicht ein Publikum mit einem Intelligenzquotienten von weniger als einhundert.

Entstehungsprozess

Ein Grundstudium in der Philosophie und ein Meisterstudium in der Regie und des Tanzes schufen die wissenschaftliche Grundlage dieses Werks. Zusätzlich ereigneten sich ein fünfzehnjähriges Studium der Zeichen der Architekturen und Bilder von Glaubenshäusern (Kirchen, Tempel, Moscheen) und ein Sozialstudium auf Reisen innerhalb und außerhalb des Kontinents. Die Reisen fanden prioritär europaweit und asienweit statt. Weiterhin ereigneten sich siebenundzwanzig Jahre eine theoretische Auseinandersetzung und praktische Arbeiten in der Sprache und im Gesang. Darüber hinausgehend wurden zehn Jahre Choreografien entwickelt, die mit einer wissenschaftstheoretischen Erschließung der Choreografie endeten. Elf Jahre wurde eine Regiewissenschaft durch Filmproduktionsarbeiten erforscht. Acht Jahre wurden wissenschaftliche Bücher geschrieben. Zehn Jahre wurden Malerein gemacht im Bereich Astrophysik. Ein achtjähriges wissenschaftliches Arbeiten in der Astrophysik resultierte in die Forschungsergebnisse dieses Buchs. Seit zwei Jahren hat eine medizinische Forschung in der Astrophysik stattgefunden, die in die Forschungsergebnisse dieses Buchs resultiert. Die

Informationen dieses Buchs begründen sich auf einen eigenständigen wissenschaftlichen Erkenntnis- und Forschungsprozess.

begleitende Literatur

In den folgenden Büchern werden alle wahren Aussagen in diesem Buch wissenschaftlich eingeführt.

1. Einführung in die Astrophysik (Anfang von Wissenschaft)
2. Intellektualduden (der neue Duden)
3. Medizin in der Astrophysik (Einführung)
4. wissenschaftlicher Intellekt (wissenschaftliches Arbeiten)
5. Astrophysik und Regie (Initiative einer Wissenschaft)
6. Rassenpsychologie in der Astrophysik (Initiative einer Wissenschaft der Psychologie)
7. Genesis der Unterbewusstseine (Initiative einer Geschichtswissenschaft der Astrophysik)
8. Gesangswissenschaft in der Astrophysik (Einführung)
9. Leben im Weltraumsystem (Bildwerke der Astrophysik)
10. Bildwerke der Regie (Initiative einer Wissenschaft der

Regie)

11. Heldengödie – Siegesgödie – Freudengödie (Dramentypen)
12. Einführung in den inneren Reifeprozess (Weg zur Erforschung der Wissenschaft Rassenpsychologie)
13. Astro Chi (Chikunst)
14. Tanzwissenschaft in der Astrophysik (Initiative einer Wissenschaft)
15. Pilgern durch Eurasien (Erfahrungsberichte)
16. Astrotyp
17. das Wesen des Weltregierungschefs
18. Schasa
19. Krieg der Ewigkeit (einundzwanzigteilige Spielfilmserie der wissenschaftlichen Fiktion)

Bücher zukünftig im Buchhandel

20. astrophysikalische Archetypen (Initiative einer Religion)
21. Krieg der Ewigkeit (achtundzwanzigteilige Spielfilmserie der wissenschaftlichen Fiktion)

wissenschaftliche Rechtfertigung

Die wissenschaftlichen Rechtfertigungen für dieses Buch sind die folgenden neu erforschten Wissenschaften.

1. Astrophysik
2. Medizin in der Astrophysik
3. Chemie in der Astrophysik
4. Geschichtswissenschaft in der Astrophysik
5. Rassenpsychologie in der Astrophysik
6. Rechtswissenschaft in der Astrophysik
7. Kommunikationswissenschaft in der Astrophysik
8. Linguistik in der Astrophysik
9. Intelligenzquotienten in der Astrophysik
10. Astrophysik der Seele
11. Semiotik
12. Regiewissenschaft
13. Gesangswissenschaft
14. Tanzwissenschaft
15. Tiefenpsychologie in der Astrophysik
16. Astrophysik des Weltraumsystems
17. Astrophysik der Stimme

Lesart

In der folgenden Verständnis- und Verhaltensreihenfolge wird die Lesart der Zeichen in diesem Werk erklärt. Die Umsetzung dieser Lesart wird mit einem Zeichen (*) gekennzeichnet.

1. Sie sehen auf das Zeichen. Sie haben die Augen halb geschlossen. Sie versuchen das Zeichen wie wahres Leben zu sehen. Ohne den Text gelesen zu haben, versuchen sie das Zeichen zu deuten. Sie versuchen Begriffe für das Zeichen zu finden.

2. Sie lesen den Begriff über dem Zeichen. Das Zeichen beinhaltet alle informativen Botschaften des Begriffs.

3. Sie lesen die Merkmale zum Begriff. Die Merkmale sind die begrifflichen Bedeutungen des Zeichens.

4. Die Konklusion aus dem Zeichen und den Merkmalen ist die Definition des Begriffs. Die Definition erschließt sich logisch und wahrheitsorientiert aus dem Zeichen und dessen begrifflichen Bedeutungen.

Wissenschaft beginnt mit Zeichenforschung

Eliminierung von Rassenkriminalität wird initiiert durch Astrophysik, Semiotik und Regiewissenschaft

2. Rechtfertigung für Wissenschaft

notwendige Bedingungen von Wissenschaft

In der Geschichte wurde keine Wissenschaft erforscht. Die fehlende Wissenschaft in der Geschichte begründet sich auf die Abwesenheit von astrophysikalischen Definitionen, notwendigen Bedingungen und Arbeitsmethoden. Die Definitionen waren unwahr. Die notwendigen Bedingungen waren nicht ausreichend. Die Arbeitsmethoden waren keine Forschung. Im folgenden Kapitel werden die Definitionen, notwendigen Bedingungen und Arbeitsmethoden angedeutet. Im folgenden Kapitel werden die Entwicklung von Wissenschaft, die zwölf Wissenschaften und neue Beweis- und Forschungsmethoden angedeutet.

Bedingungen von Wissenschaft

- richtige Definitionen
- logische Schlüssigkeit
- begrifflich nicht zurückführbare demnach unwiderlegbare

Axiome

- Orientierung am Menschenrecht
- wahre Bedeutungen und Wahrheit im makrokosmischen Weltraumsystem
- Forschungs- und Beweismethoden
- Potenzial zur Versprachlichung in der Geisteswissenschaft

Richtige Definitionen werden gerechtfertigt durch die Linguistik der Astrophysik (siehe Sprachwissenschaft in der Astrophysik aus Einführung in die Astrophysik). Definitionen dürfen nur astrophysikalisch gerechtfertigt sein. Logische Schlüssigkeit wird gerechtfertigt durch die Gesetze der aristotelischen Logik. Schlüssigkeit kann nur durch die Wirksamkeit im Weltraumsystem der Astrophysik gerechtfertigt werden. Begrifflich nicht zurückführbare demnach unwiderlegbare Axiome werden gerechtfertigt durch die Prioritäten der Wahrheit (siehe Prioritäten der Wahrheit aus Einführung in die Astrophysik). Axiome können nur in der ersten Priorität der Wahrheit Astrophysik gerechtfertigt werden. Die Orientierung am Menschenrecht wird gerechtfertigt durch die Rechtswissenschaft in der Astrophysik (siehe Rassenpsychologie der Astrophysik aus Einführung in die

Astrophysik). Das Menschenrecht wird gerechtfertigt durch Lebensformen im Rückenmarkssystem ab der Rasse Pflanze aufgrund einer Navigation aus dem makrokosmischen Weltraumsystem. Wahre Bedeutungen und Wahrheit im makrokosmischen Weltraumsystem werden gerechtfertigt durch die Methode der Zeichenanalyse und die Prioritäten der Wahrheit (siehe Methode der Zeichenanalyse und Prioritäten der Wahrheit aus Einführung in die Astrophysik). Bedeutungen und Wahrheit werden gerechtfertigt durch die astrophysikalischen Beweismethoden für Wahrheit und Bedeutungen. Forschungs- und Beweismethoden werden gerechtfertigt durch die Prioritäten der Wahrheit (siehe Prioritäten der Wahrheit aus Einführung in die Astrophysik). Wahres Wissen wird gerechtfertigt durch die erste Priorität der Wahrheit Astrophysik. Ein Potenzial zur Versprachlichung in der Geisteswissenschaft muss durch die Linguistik in der Astrophysik gerechtfertigt werden (siehe Sprachwissenschaft in der Astrophysik aus Einführung in die Astrophysik). Versprachlichung kann nur durch grundlegende Definitionen der Astrophysik, Rassenpsychologie der Astrophysik und das Weltraumsystem der Astrophysik beginnen.

Informationen bezugslos zur Wissenschaft

Der Sehsinn, Gehörsinn und der Geruchssinn sind bezugslos zu einem Beweis. Sie erfüllen nicht die notwendigen Bedingungen der Definitionen von Wissen, Wahrheit, Forschung, Beweis und Bildung. Aus diesen Sinneswahrnehmungen resultieren nie wahre Aussagen nach den Prioritäten der Wahrheit (siehe Prioritäten der Wahrheit aus Einführung in die Astrophysik). Beispielsweise die Entität, Wahrheit, Kriminalität, Bedeutung und das Recht können durch Sinneswahrnehmungen nicht bewiesen werden. Die Scheinthese der Beweismethoden durch diese Sinneswahrnehmungen begründet sich geschichtlich auf Analphabetismus der Wörter Wissen, Wahrheit, Forschung, Beweis, Bildung und Fortschritt (siehe Sprachwissenschaft in der Astrophysik aus Einführung in die Astrophysik). Auch die verbale und die schriftliche Sprache sind bezugslos zu einem Beweis. Sie erfüllen nicht die notwendigen Bedingungen der Definitionen der Wörter Denkleistung, Wissen, Wahrheit, Beweis und Bildung. Die geschwindelte These der Beweismethoden durch die verbale und schriftliche Sprache begründet sich geschichtlich auf die Scheinthesen des Beweises durch den Sehsinn, den Gehörsinn und den Geruchssinn.

Hilfsmittel zum Erwerb von Informationen bezugslos zum Beweis

- Sehsinn
- Gehörsinn
- Geruchssinn

Methoden der Täuschung von Wahrheit bezugslos zum Beweis

- Abbildungen für den Sehsinn
- Täuschung für den Gehörsinn
- Täuschung für den Geruchssinn
- verbale Sprache
- schriftliche Sprache

antiwissenschaftliche Täuschung von Wahrheit bezugslos zum Beweis

- Mikrokosmos
- ohne Orientierung am Menschenrecht
- begrifflich zurückführbare Axiome
- kein Potenzial zur Versprachlichung in der Geisteswissenschaft
- Schlüssigkeit mit fehlender Wirksamkeit im Weltraumsystem der Astrophysik
- Datenvermehrung, Datenberechnung begründet auf dem Sehsinn, Gehörsinn und Geruchssinn
- astrophysikalisch nicht gerechtfertigte Definitionen

Entwicklung von Wissenschaft

Für eine Erforschung von Wissenschaft sind bedingende vorherige Forschungen die Rechtfertigung. Die Erforschung der folgenden Lehren ist notwendig für neue Wissenschaft.

1. zeitlich und örtlich unabhängig gültige Zeichenlehre
2. Definitionen gerechtfertigt durch das Weltraumsystem, Rassenpsychologie und Semiotik
3. wissenschaftliche Forschungs- und Beweismethode
4. Wissenschaft der Astrophysik
5. Vollendung der Wissenschaft Astrophysik
6. Öffentlichkeitsarbeit
7. massenmediale Öffentlichkeitsarbeit für die ungebildete Bevölkerung
8. Wiederholung der Entwicklungen 1 bis 2 und 4 bis 7 mit allen Wissenschaften gerechtfertigt durch die Astrophysik

astrophysikalisch semiotische Definition von Wissenschaft

Das Ziel der Wissenschaft ist die Vergeistigung der Weltbevölkerung. Das Ziel der Wissenschaft ist die Ausrottung von psychischen Krankheiten, Perversion, Rassismus und bewusster Kriminalität. Das astrophysikalische Ziel der Wissenschaft unabhängig vom Planeten Erde ist eine menschliche Weltbevölkerung, deren vergeistigte Seelen nie in das mikrokosmische Weltraumsystem sondern nach ihrem Leben auf dem Planeten Erde in das erweiterte makrokosmische Weltraumsystem ausnahmslos entmaterialisiert werden.

eine vergeistigte Weltbevölkerung ist das Ziel von Bildung auf das Weltraumsystem einer Astrophysik

Wissenschaft*

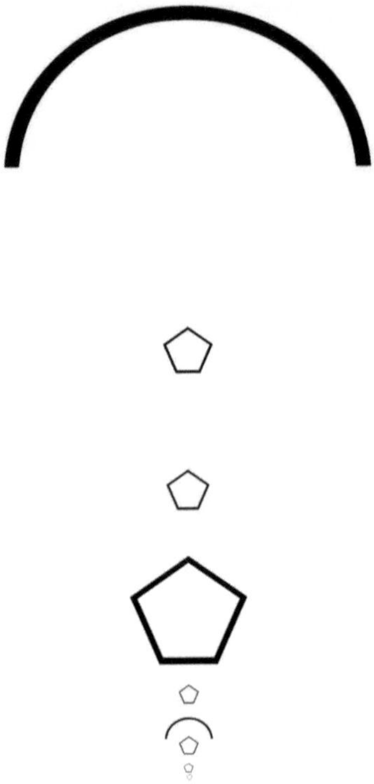

Zeichenanalyse

Die Wissenschaft ist eine Überzeugung von einem abgeschlossenen Raumsystem. Über dem Raumsystem ist eine Überzeugung von einem abgeschlossenen Raumsystem. Über diesem Raumsystem ist eine Überzeugung von einem abgeschlossenen Raumsystem. Über diesem Raumsystem ist ein entstehendes Raumsystem. Über diesem Raumsystem ist eine Überzeugung von einem abgeschlossenen Raumsystem. Über diesem Raumsystem ist eine Überzeugung von einem abgeschlossenen Raumsystem. Über diesem Raumsystem ist eine Überzeugung von einem abgeschlossenen Raumsystem. Über diesem Raumsystem ist eine Überzeugung von einem abgeschlossenen Raumsystem. Über diesem Raumsystem ist ein entstehendes Raumsystem.

Artikel:	Wissenschaft, die
Pronomen:	er
Wesensart:	Mensch
Geschlechtsart:	ja
Geschlecht:	Geist
Form der Sexualität:	bewusste Vergeistigung, Vergeistigung
Rechte:	Menschenrecht
Ausmaß der psychischen Krankheit:	psychisch gesund
Staatsbürgerschaft der Astrophysik:	vor dem Anfang des Weltraumsystems, Anfang des Weltraumsystems, Weltraumsystem des Makrokosmos, Weltraum, Universum
Vorstellbarkeit im Kosmos:	Makrokosmos
Intelligenzquotient:	110 bis mehr als 170
Definition:	manipulative intellektuelle astrophysikalische gebildete Entmaterialisierung der Rassen binnen derer Unterbewusstseine mit dem Resultat der Verbesserung des Weltraumsystems auf der Grundlage von Sprache

Forschung*

Zeichenanalyse

Die Forschung ist ein abgeschlossenes Raumzeitsystem des geistigen Prinzips. Über dem Raumzeitsystem ist eine Überzeugung von einem abgeschlossenen Raumsystem. Über diesem Raumsystem ist eine Überzeugung von einem abgeschlossenen Raumsystem. Über diesem Raumsystem ist ein abgeschlossenes Raumsystem. Über diesem Raumsystem ist eine Überzeugung von einem abgeschlossenen Raumsystem.

Artikel:	Forschung, die
Pronomen:	er
Wesensart:	Mensch
Geschlechtsart:	ja
Geschlecht:	Geist
Form der Sexualität:	Vergeistigung
Rechte:	Menschenrecht, Personenrecht
Ausmaß der psychischen Krankheit:	psychisch gesund
Staatsbürgerschaft der Astrophysik:	Universum, Weltraum, Weltraumsystem des Makrokosmos, Anfang des Weltraumsystems, vor dem Anfang des Weltraumsystems
Vorstellbarkeit im Kosmos:	Makrokosmos
Intelligenzquotient:	100 bis mehr als 170
Definition:	Aufbau von wahren und rechtsorientierten Aussagen mit einem Streben nach Entmaterialisierung der Rassen

Wissen*

Zeichenanalyse

Das Wissen ist mehrfache Überzeugungen von abgeschlossenen Raumsystemen, die sich übereinander befinden.

Artikel: Wissen, das

Pronomen: er

Wesensart: Mensch

Geschlechtsart: ja

Geschlecht: Geist

Form der Sexualität: Vergeistigung

Rechte: Menschenrecht

Ausmaß der psychischen Krankheit: psychisch gesund

Staatsbürgerschaft der Astrophysik: vor dem Anfang des Weltraumsystems, Anfang des Weltraumsystems, Weltraumsystem des Makrokosmos, Weltraum, Universum

Vorstellbarkeit im Kosmos: Makrokosmos

Intelligenzquotient: 100 bis mchr als 170

Definition: Zugang zur Wahrheit im absoluten Weltraumsystem der Astrophysik

die zwölf Wissenschaften

Die regiewissenschaftliche Forschung hat ergeben, dass nur die folgenden Wissenschaften die notwendigen Bedingungen der Definition des Begriffs der Wissenschaft erfüllen. Nur die Astrophysik, Metaphysik, Regiewissenschaft, Rechtswissenschaft, Medizin, Semiotik, Musikwissenschaft, Politikwissenschaft und die Naturwissenschaft erfüllen die notwendigen Bedingungen der Definition des Begriffs der Wissenschaft. Weiterhin erfüllen drei Geheimwissenschaften die notwendigen Bedingungen der Definition des Begriffs der Wissenschaft. Diese Geheimwissenschaften sind die Verwandlungskunst, Chiwissenschaft und die Schwarzmagie. Zuguterletzt besteht noch eine weitere Geheimwissenschaft: die astrale Linearwissenschaft.

wissenschaftliche Forschungs- und Beweismethoden

Abgesehen von den Wegen der Erkenntnis und der sogenannten empirischen Forschung wurde eine Datenvermehrung begründet auf dem Sehsinn, Gehörsinn und Geruchssinn vollzogen. Die Beweis- und Forschungsmethoden der Wissenschaft sind jedoch die Prioritäten der Wahrheit, Methode der Zeichenanalyse und das wissenschaftliche Chimedium. Diese Beweis- und Forschungsmethoden rechtfertigen wahres Wissen nach der dritten Priorität der Wahrheit Vorstellungen, der zweiten Priorität der Wahrheit Metaphysik und der ersten Priorität der Wahrheit Astrophysik. Sie rechtfertigen wahres Wissen nach den Prioritäten der Wahrheit. Forschungs- und Beweismethoden in der Geisteswissenschaft werden gerechtfertigt in der Publikation Einführung in die Astrophysik.

Forschungs- und Beweismethoden in der Geisteswissenschaft

1. Prioritäten der Wahrheit (Wahrheitsbeweismethode)
2. Methode der Zeichenanalyse (Beweismethode für Bedeutungen)
3. wissenschaftliches Chimedium (Forschungsinitiativmethode)

3. semiotische Analyse

Die Methode der Zeichenanalyse ist eine Methode des Beweises der Bedeutungen hinsichtlich Entitäten und Ereignissen. Die Methode der Zeichenanalyse betrifft Zeichen. Sie betrifft keine Zeichennetze. Zusätzlich zu dieser Methode existiert eine weitere Analysemethode für Zeichennetze. Die Analysemethode für Zeichennetze ist die semiotische Analyse. Bei der semiotischen Analyse werden komplexe Zeichenstrukturen entschlüsselt auf ihre astrophysikalischen Botschaften. Das Resultat ist der wissenschaftliche Intellekt. Er ermöglicht eine wissenschaftliche Arbeitsmethode. Es ist die Methode der interdisziplinärwissenschaftlichen Forschung.

Reihenfolge bei der semiotischen Analyse

1. Betrachtung des Zeichennetzes mit halb geöffneten Augen
2. visuelle geometrische Erkennung der Außenform des Zeichennetzes
   2.a. Vereinfachung der Außenform des Zeichennetzes
3. Verbalisierung der Entitäten und Ereignisse für die

vereinfachte Außenform durch grundlegende Begriffe der Astrophysik und Metaphysik

4. Verbalisierung der astrophysikalischen Botschaften im Verständniskontext des Weltraumsystems

Beispiel

Eine Rassenentität sieht einen Text in chinesischer Schriftsprache. Sie verschließt die Augen, bis sie halb geöffnet sind. Sie konzentriert ihren Blick auf die Außenform des Texts. Sie erkennt die Außenform des Texts in einer Geometrie. Sie vereinfacht die Geometrie der Außenform in ihrer Sichtweise. Sie verbalisiert die Botschaften der Geometrie mit grundlegenden Begriffen der Astrophysik und Metaphysik. Zuguterletzt komprimiert sie die astrophysikalische Botschaft der Geometrie im Verständniskontext des Weltraumsystems.

Klassifizierungen des wissenschaftlichen Intellekts

Der Intellekt ist wahre introspektive Sichtweise, die die Merkmale des Gehirns und des Unterbewusstseins sichtbar werden lässt. Der wissenschaftliche Intellekt hat verschiedene kriminalitätsanalytische Schwerpunkte. Die Schwerpunkte des Intellekts sind nur makrokosmisch. Die Schwerpunkte des Intellekts sind nicht mikrokosmisch (z. B. Darminhalte, chemische Stoffe, Muskulatur). Die Schwerpunkte vom Intellekt sind jeweils einer Wissenschaft zugehörig.

- astrophysikalischer Intellekt
- metaphysikalischer Intellekt
- medizinischer Intellekt
- rechtswissenschaftlicher Intellekt
- historischer Intellekt
- naturwissenschaftlicher Intellekt
- interdisziplinärwissenschaftlicher Intellekt
- musikwissenschaftlicher Intellekt

Der astrophysikalische Intellekt versteht introspektiv das Rückenmarkssystem und dessen Merkmale eingeordnet im

Weltraumsystem der Astrophysik. Der metaphysikalische Intellekt versteht introspektiv das Gehirn, Neutrum oder Vakuum und dessen Merkmale eingeordnet in die Rassen. Der medizinische Intellekt versteht introspektiv die Krankheiten und deren Merkmale eingeordnet in die Formen von Kriminalität. Der rechtswissenschaftliche Intellekt versteht introspektiv die Kriminalität und deren Merkmale eingeordnet in die Formen von Kriminalität. Der historische Intellekt versteht introspektiv die Psyche der Rassenentität und deren Bedeutung für die Geschichte eingeordnet in die Rassen. Der naturwissenschaftliche Intellekt versteht introspektiv die Organe und deren Merkmale eingeordnet in die Elemente der Natur. Der interdisziplinärwissenschaftliche Intellekt versteht introspektiv das Rückenmarkssystem eingeordnet in das erweitertste Weltraumsystem mitsamt dessen Bedeutung für das erweitertste Weltraumsystem. Der musikwissenschaftliche Intellekt versteht introspektiv die Klänge der Psyche der Rassenentität und die Merkmale deren Klänge eingeordnet im erweitertsten Weltraumsystem. Der Intellekt sieht introspektiv die chemische bis hin zu astrophysikalische Wahrheit in allen lebenden Entitäten (z. B. Rassen, Natur, ultramikrokosmische Lebensformen) und in allen leblosen Entitäten (z. B. Rassen,

Stoffe, Zeichen). Der Intellekt wird von jeder Rassenentität unabhängig von Raum und Zeit bedingungslos im Bewusstsein mit bis zu sechzig Metern Entfernung zur intellektuellen Rassenentität wahrgenommen. Von sechzig Metern bis zu drei Metern Entfernung wird der Intellekt zusätzlich zur bewussten Wahrnehmung fast immer verbal thematisiert. Ab maximal drei Metern Entfernung werden zusätzlich die Zeichen im Gesicht der intellektuellen Rassenentität gesehen.

Zeichendeutung durch Instinkt bei den Organen

Jede Rassenentität hat Instinkt. Der Instinkt ist die gebürtige Wahrnehmung von Wahrheit und Rasseneigenschaften im Weltraumsystem binnen jeder Wesensart. Jede Rassenentität nimmt von Geburt an jede Rasseneigenschaft an jeder Rassenentität visuell und durch das Blutbild im Bewusstsein wahr. Bei der erstmaligen visuellen Sinneswahrnehmung werden die Zeichen im Körper bewusst verstanden. Vor der erstmaligen visuellen Sinneswahrnehmung werden die nichtmateriellen Elemente binnen jeder Rassenentität bewusst verstanden. Alle Rasseneigenschaften werden von jeder

Rassenentität durch die Zeichen im Körper und das Blutbild wahrgenommen.

Beispiel für abstrakte Zeichensprache

Das folgende Zeichennetz wird mit Hilfe der semiotischen Analyse auf dessen astrophysikalische Botschaften entschlüsselt. Die semiotische Analyse entschlüsselt wissenschaftlich die Bedeutungen von Zeichennetzen.

Bei halb geöffneten Augen erscheint die geometrische Außenform als eine Ellipse. Eine Ellipse bedeutet ein abgeschlossenes Raumzeitsystem in der Astrophysik. Die astrophysikalische Botschaft dieses Zeichennetzes ist demnach ein Raumzeitsystem im Weltraumsystem.

Beispiel für abstrakte Zeichennetze

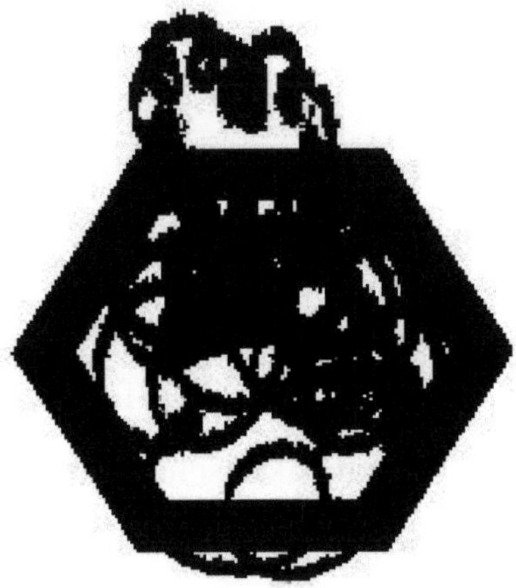

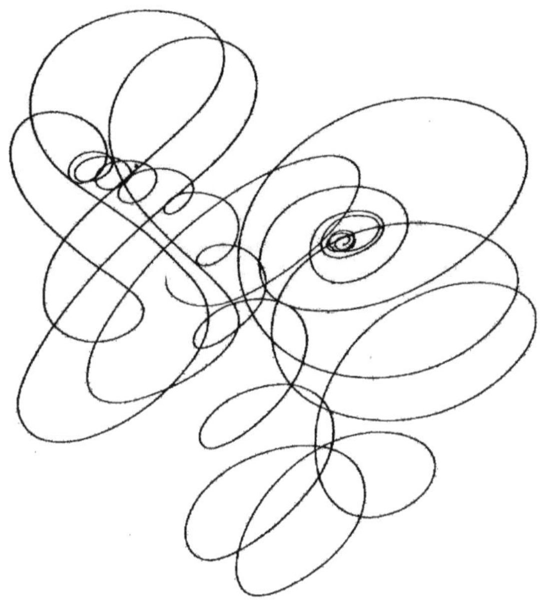

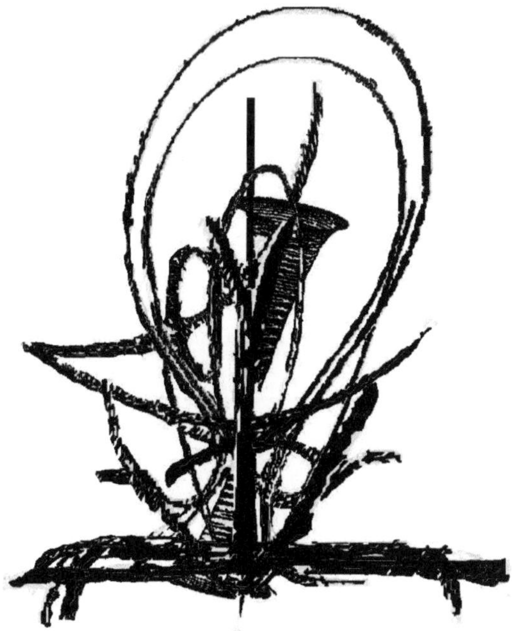

Beispiel für Zeichen in Verständniskontexten

Jedes Zeichen und jedes Zeichennetz hat Bedeutungen. Bedeutungen sind abhängig vom Verständniskontext, der subjektiven introspektiven Sichtweise und der vollendeten Durchführung. Die semiotische Analyse muss deshalb erweitert werden um weitere Bedingungen.

erweiterte semiotische Analyse

1. Betrachtung des Zeichennetzes mit halb geöffneten Augen
2. visuelle geometrische Erkennung der Außenform des Zeichennetzes
2.a. Vereinfachung der Außenform des Zeichennetzes
3. Verbalisierung der Entitäten und Ereignisse für die vereinfachte Außenform durch grundlegende Begriffe der Astrophysik und Metaphysik
4. Verbalisierung der astrophysikalischen Botschaften im Verständniskontext des Weltraumsystems
5. Erweiterung der astrophysikalischen Botschaften um die subjektive introspektive Sichtweise und die Vollendung der Durchführung.

Beispiel

Eine Rassenentität besucht eine experimentelle Akrobatik. Er behält die Augen halb geöffnet bei der Betrachtung des Bewegungsablaufs. Er konzentriert seinen Blick auf die Außenformen der bewegenden Gliedmaßen. Er erkennt die

Außenformen der bewegenden Gliedmaßen in Geometrien. Er vereinfacht die Geometrien der Außenform in seiner Sichtweise. Er verbalisiert die Botschaften der Geometrien mit grundlegenden Begriffen der Astrophysik und Metaphysik. Er verbalisiert die astrophysikalischen Botschaften der Geometrien im Verständniskontext des Weltraumsystems. Zuguterletzt erweitert er diese Botschaften um seine subjektive introspektive Sichtweise und die Vollendung der Durchführung. Sein Fazit zu der Botschaft lautet: "Diese experimentelle Akrobatik bedeutet Raumzeitsysteme und Zeitverläufe im erweitertsten mikrokosmischen Weltraumsystem im Kontext der öffentlichen Präsentation mit astrophysikalischer Sichtweise und vollendeter Durchführung." Seine abschließende Konklusion lautet: "Es ist kommunikative Täuschung durch mikrokosmischste Rassen auf makrokosmischste Rassen äquivalent zum geheimen Rassenvernichtungswillen." Die geheime Botschaft war Rassenvernichtungswille.

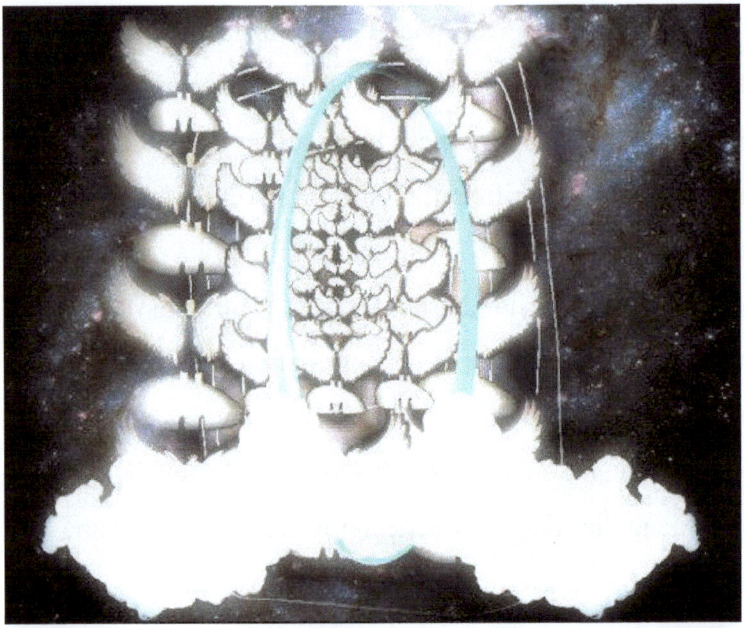

Methode des Bedeutungsbeweises: Methode der Zeichenanalyse

Die Methode der Zeichenanalyse ist eine Methode des Beweises der Bedeutungen hinsichtlich Entitäten und Ereignissen.

1. Zeichnen der wesentlichen Merkmale des Zeichens
2. Beschreibung der visuellen Merkmale des Linienverlaufs
    2.a. Merkmale des Linienverlaufs (z. B. gerade, gebeugt)
    2.b. Merkmale der Außenform (z. B. offen, geschlossen, ungleiche Seitenverhältnisse)
    2.c. Merkmale der Winkelposition (z. B. horizontal, diagonal, vertikal)
3. Benennung der Entitäten und Ereignisse durch grundlegende Begriffe der Astrophysik und Metaphysik
4. Komprimierung der Begriffe zu der Botschaft des Zeichens

Die Analyse von Zeichen kann methodisch durchgeführt werden. Die Methode der Zeichenanalyse beginnt mit der Bewusstwerdung des Linienverlaufs des zu analysierenden Zeichens. Der Linienverlauf jedes Zeichens hat Merkmale. Die Merkmale des Linienverlaufs müssen zunächst auf die notwendigen Merkmale reduziert werden. Diese Merkmale müssen dann begrifflich beschrieben werden. Bei der Beschreibung der Merkmale eines Zeichens werden die Winkelposition, Position, Beugung und weitere visuelle Merkmale erwähnt. Dann müssen die Merkmale des Zeichens begrifflich gedeutet werden. Die Begriffe für die Merkmale von Zeichen sind aus der Metaphysik und Astrophysik. Diese Begriffe bezeichnen die wahren oder unwahren Entitäten und Ereignisse des Zeichens. Letztendlich werden die grundlegenden Begriffe der Astrophysik und Metaphysik komprimiert zu der Botschaft des Zeichens.

interpretative Freiheit der Begriffe

Die Deutung beginnt erst durch die Zuordnung der grundlegenden Begriffe der Astrophysik und Metaphysik. Diese Begriffe können mit einer interpretativen Freiheit variieren. Beispielsweise kann der Verlauf von einem Punkt zu einer Linie gedeutet werden mit den Begriffen Zeitverlauf oder auch Streben.

Analyse von Zeichen

Die Analyse von Zeichen ist eine wissenschaftstheoretische semiotische Auseinandersetzung mit den Entitäten und Ereignissen, die Zeichen abstrakt kommunizieren.

Entwicklungen in der Astrophysik

Entwicklungen können durch die Astrophysik erklärt werden. Die Erklärung von Entwicklungsverläufen ermöglicht wahre Zusammenhänge zu erkennen. Entwicklungen verursachen eine Bewusstwerdung von Zusammenhängen in Ereigniskontexten. Beispielsweise können die Entwicklungen von Logik, Wissen und Vernichtung erklärt werden. Sie ermöglichen die Lösung von ungelösten Problemen wie beispielsweise Kriminalitätsbekämpfung, Rassenproblematik und Heilung von Krankheiten.

Entwicklung von Logik

1. Instinkt
2. Bewusstsein
3. Glaube
4. Zeichenverständnis
5. Logik

Entwicklung von Wissen

Man setzt einen Punkt auf ein Blatt Papier. Den Punkt zeichnet man zu einer Linie weiter. Die Linie verläuft über eine Ecke in eine zweite Linie. Diese zweite Linie verläuft über eine weitere Ecke in eine dritte Linie. Die dritte Linie verläuft über eine dritte Ecke in eine vierte Linie und so weiter. Das Zeichen ergibt in seiner Gesamtheit sieben Ecken mit Linienverläufen. Beginnt man dieses Zeichen, beim ersten Punkt beginnend, zu deuten, dann bedeuten die Linien Zeitverläufe. Die erste Ecke bedeutet eine Wahrnehmung. Die zweite Ecke bedeutet eine Sinneswahrnehmung. Die dritte Ecke bedeutet ein Bewusstsein. Die vierte Ecke bedeutet eine Erkenntnis. Die fünfte Ecke bedeutet eine Überzeugung. Die sechste Ecke bedeutet einen Glauben. Sie siebente Ecke bedeutet ein Wissen. Die Deutung des Zeichens ermöglicht die Erschließung eines Entwicklungsverlaufs. Dieser Entwicklungsverlauf ist die Entstehung von Wissen.

1. Wahrnehmung
2. Sinneswahrnehmung
3. Bewusstsein

4. Erkenntnis
5. Überzeugung
6. Glaube
7. Wissen

Entwicklung von Vernichtung

1. Vernichtung
2. Tod
3. Massenvernichtung
4. massenmethodologische Vernichtung
5. Spaß an der massenmethodologischen Vernichtung
6. Spaß an der massenmethodologischen Vernichtung von Unterbewusstsein
7. Spaß an der massenmethodologischen Vernichtung von Leben

Anwendungsbeispiele der Methode der Zeichenanalyse

Mehrere Zeichen werden methodisch analysiert.

In der Skizze ist eine Linie gezeichnet. Die Winkelposition der Linie ist vertikal. Um einen Punkt zu einer Linie werden zu lassen, vergeht Zeit. Die vertikale Winkelposition bedeutet ein geistiges Prinzip. Die Botschaften dieses Zeichens sind Zeitverlauf und geistiges Prinzip. Die Botschaft des Zeichens ist komprimiert ein Zeitverlauf des geistigen Prinzips. Eine andere Interpretation der Botschaft des Zeichens wäre ein Streben im Rechtsprinzip.

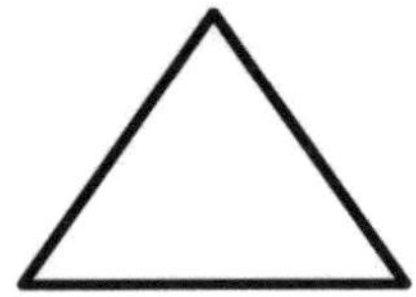

In der Skizze ist ein Dreieck gezeichnet. Die Form der Zeichen sind drei Linien. Diese Linien sind miteinander verbunden. Eine Linie ist horizontal. Zwei Linien sind diagonal. Das gesamte Zeichen ist vertikal. Die Form des Zeichens hat drei Unterbrechungen des Linienverlaufs. Die Außenform des Zeichens ist geschlossen. Die Außenform des Zeichens hat ungleiche Seitenverhältnisse. Die vertikale Winkelposition bedeutet ein geistiges Prinzip. Drei Unterbrechungen des Linienverlaufs bedeuten drei Unterbrechungen des Kraftflusses. Drei Unterbrechungen des Kraftflusses bedeuten ein Bewusstsein. Die geschlossene Außenform bedeutet ein abgeschlossenes Raumsystem. Die ungleichen Seitenverhältnisse in einer geschlossenen Außenform bedeuten ein Raumzeitsystem. Die Botschaften dieses Zeichens sind geistiges Prinzip, Bewusstsein und abgeschlossenes Raumzeitsystem. Die Botschaft des Zeichens ist komprimiert ein Bewusstsein von einem abgeschlossenen Raumzeitsystem des geistigen Prinzips.

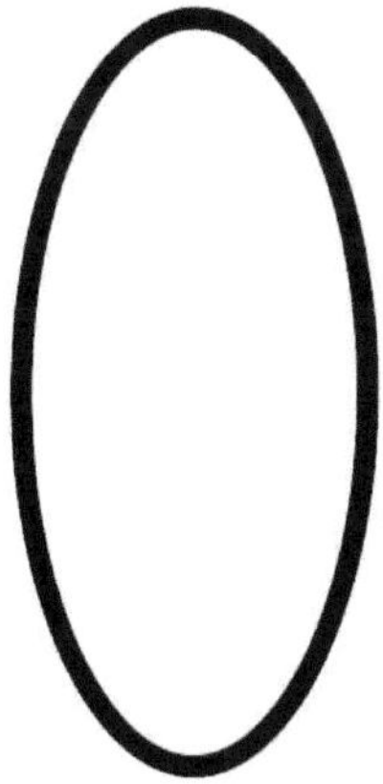

In der Skizze ist eine Ellipse gezeichnet. Die Winkelposition des Zeichens ist vertikal. Die Außenform ist geschlossen. Die Außenform hat ungleiche Seitenverhältnisse. Die vertikale Winkelposition bedeutet ein geistiges Prinzip. Die geschlossene Außenform bedeutet ein abgeschlossenes Raumsystem. Die ungleichen Seitenverhältnisse in einer geschlossenen Außenform bedeuten ein Raumzeitsystem. Die Botschaften dieses Zeichens sind geistiges Prinzip und abgeschlossenes Raumzeitsystem. Die Botschaft des Zeichens ist komprimiert ein abgeschlossenes Raumzeitsystem des geistigen Prinzips.

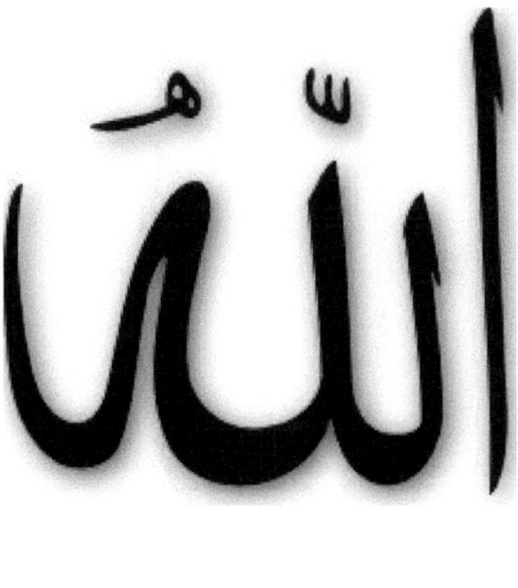

In der Skizze ist ein arabisches Schriftzeichen. Das Schriftzeichen besteht aus vier Zeichen. Die Lesart ist von der linken Seite zur rechten Seite. Das größte Zeichen hat einen gebeugten Linienverlauf. Das größte Zeichen hat eine offene Außenform. Das größte Zeichen hat eine horizontale Winkelposition. Das zweite Zeichen auf der linken Seite beinhaltet die Außenformen gerade und geschlossen. Das zweite Zeichen auf der linken Seite hat eine horizontale Winkelposition. Das dritte Zeichen auf der linken Seite hat eine offene Außenform. Das dritte Zeichen auf der linken Seite hat eine diagonale Winkelposition. Das vierte Zeichen auf der linken Seite hat eine vertikale Winkelposition. Das vierte Zeichen auf der linken Seite hat die Form gerade. Die Form gebeugt bedeutet einen Raum. Die Außenform offen bedeutet entstehendes Raumsystem. Die Winkelposition horizontal bedeutet ein materielles Prinzip. Die Außenform geschlossen bedeutet abgeschlossenes Raumsystem. Die Außenform gerade bedeutet Zeitverlauf. Die Winkelposition vertikal bedeutet geistiges Prinzip. Die Botschaften dieses Zeichens sind entstehendes Raumsystem, materielles Prinzip, abgeschlossenes Raumsystem, Zeitverlauf und geistiges Prinzip. Die Botschaften des Zeichens sind komprimiert entstehende Raumsysteme des materiellen Prinzips und ein Zeitverlauf des erdverbundenen Prinzips und abgeschlossene Raumsysteme und ein Zeitverlauf des geistigen Prinzips.

In dem Bildwerk sind Zeichennetze und ein Zeichennetzkomplex gezeichnet. Die Zeichennetze werden chronologisch von unten nach oben analysiert. Das unterste Zeichennetz hat einen gebeugten Linienverlauf. Das unterste Zeichennetz hat eine geschlossene und eine offene Außenform. Die Außenform des untersten Zeichennetzes hat ungleiche Seitenverhältnisse. Das unterste Zeichennetz hat eine diagonale Winkelposition. Der Linienverlauf gebeugt bedeutet einen entstehenden Raum. Die Außenform geschlossen bedeutet ein abgeschlossenes Raumsystem. Die Außenform offen bedeutet einen entstehenden Raum. Die ungleichen Seitenverhältnisse bedeuten ein Raumzeitsystem. Die Winkelposition diagonal hat keine Bedeutung. Die Botschaften dieses Zeichennetzes sind abgeschlossenes Raumsystem, das sich entwickelt zu einem entstehenden Raumzeitsystem im Weltraumsystem.

Das zweite Zeichennetz von unten hat einen gebeugten Linienverlauf. Das zweite Zeichennetz von unten hat eine geschlossene Außenform. Die Außenform des zweiten Zeichennetzes von unten hat ungleiche Seitenverhältnisse. Das zweite Zeichennetz von unten hat eine horizontale Winkelposition. Der Linienverlauf gebeugt bedeutet einen entstehenden Raum. Die Außenform geschlossen bedeutet ein abgeschlossenes Raumsystem. Die ungleichen Seitenverhältnisse bei einer geschlossenen Außenform bedeuten ein Raumzeitsystem. Die Winkelposition horizontal bedeutet ein erdverbundenes Prinzip. Die Botschaften dieses Zeichennetzes sind abgeschlossenes Raumzeitsystem des erdverbundenen Prinzips im Weltraumsystem.

Das dritte Zeichennetz von unten hat einen gebeugten

Linienverlauf. Das dritte Zeichennetz von unten hat eine geschlossene Außenform. Die Außenform des dritten Zeichennetzes von unten hat ungleiche Seitenverhältnisse. Das dritte Zeichennetz von unten hat eine diagonale Winkelposition. Der Linienverlauf gebeugt bedeutet einen entstehenden Raum. Die Außenform geschlossen bedeutet ein abgeschlossenes Raumsystem. Die ungleichen Seitenverhältnisse bei einer geschlossenen Außenform bedeuten ein Raumzeitsystem. Die Winkelposition diagonal hat keine Bedeutung. Die Botschaften dieses Zeichennetzes sind abgeschlossenes Raumzeitsystem im Weltraumsystem.

Das vierte Zeichennetzkomplex von unten hat gebeugte Linienverläufe. Das vierte Zeichennetzkomplex von unten hat geschlossene und offene Außenformen. Die Außenform des vierten Zeichennetzkomplexes von unten hat partiell ungleiche Seitenverhältnisse. Das vierte Zeichennetzkomplex von unten hat diagonale Winkelpositionen. Der Linienverlauf gebeugt bedeutet einen entstehenden Raum. Die Außenform geschlossen bedeutet ein abgeschlossenes Raumsystem. Die Außenform offen bedeutet einen entstehenden Raum. Die partiell ungleichen Seitenverhältnisse bedeuten partielle

Raumzeitsysteme. Die Winkelposition diagonal hat keine Bedeutung. Die Botschaften dieses Zeichennetzkomplexes sind abgeschlossene Raumsysteme und entstehende oder abgeschlossene Raumzeitsysteme im Weltraumsystem.

Das fünfte Zeichennetz von unten hat einen gebeugten Linienverlauf. Das fünfte Zeichennetz von unten hat eine geschlossene Außenform. Die Außenform des fünften Zeichennetzes von unten hat ungleiche Seitenverhältnisse. Das fünfte Zeichennetz von unten hat eine diagonale Winkelposition. Der Linienverlauf gebeugt bedeutet einen entstehenden Raum. Die Außenform geschlossen bedeutet ein abgeschlossenes Raumsystem. Die ungleichen Seitenverhältnisse bei einer geschlossenen Außenform bedeuten ein Raumzeitsystem. Die Winkelposition diagonal hat keine Bedeutung. Die Botschaften dieses Zeichennetzes sind abgeschlossenes Raumzeitsystem im Weltraumsystem.

Das sechste Zeichennetz von unten hat einen gebeugten Linienverlauf. Das sechste Zeichennetz von unten hat eine geschlossene Außenform. Die Außenform des sechsten Zeichennetzes von unten hat ungleiche Seitenverhältnisse. Das sechste Zeichennetz von unten hat eine vertikale Winkelposition. Der Linienverlauf gebeugt bedeutet einen entstehenden Raum. Die Außenform geschlossen bedeutet ein abgeschlossenes Raumsystem. Die ungleichen Seitenverhältnisse bei einer geschlossenen Außenform bedeuten ein Raumzeitsystem. Die Winkelposition vertikal bedeutet ein geistiges Prinzips. Die Botschaften dieses Zeichennetzes bedeuten abgeschlossenes Raumzeitsystem des geistigen Prinzips im Weltraumsystem.

Das siebente Zeichennetz von unten hat einen gebeugten Linienverlauf. Das siebente Zeichennetz von unten hat eine geschlossene Außenform. Die Außenform des siebenten Zeichennetzes von unten hat ungleiche Seitenverhältnisse. Das siebente Zeichennetz von unten hat eine diagonale Winkelposition. Der Linienverlauf gebeugt bedeutet einen entstehenden Raum. Die Außenform geschlossen bedeutet ein abgeschlossenes Raumsystem. Die ungleichen Seitenverhältnisse bei einer geschlossenen Außenform bedeuten ein Raumzeitsystem. Die Winkelposition diagonal hat keine Bedeutung. Die Botschaften dieses Zeichennetzes sind abgeschlossenes Raumzeitsystem im Weltraumsystem.

Die Botschaften des Bildwerks sind ein Raumsystem, das sich entwickelt zu einem Raumzeitsystem. Dann ereignet sich ein Raumzeitsystem des erdverbundenen Prinzips. Plötzlich entsteht ein Raumzeitsystem. Es entstehen Raumsysteme, Raumzeitsysteme und ein Raumzeitsystem des geistigen Prinzips.

Dieses Bildwerk vermittelt mit subjektiver introspektiver Sichtweise von dem n-testen Weltraumsystem des Makrokosmos (siehe angeborene introspektive Sichtweisen aus Einführung in die Astrophysik) mit vollendeter Durchführung ein beginnendes Raumzeitsystem auf dem Planeten Erde, aus dem entsteht ein Weltraumsystem, in dem sich Raumsysteme, Raumzeitsysteme und ein Raumzeitsystem des geistigen Prinzips entwickeln.

Fazit der erweiterten semiotischen Analyse

Das Bildwerk vermittelt die Verursachung des Weltraumsystems auf dem Planeten Erde.

Beispiele für Symbole des Christentums

Beispiele für Symbole des Judentums

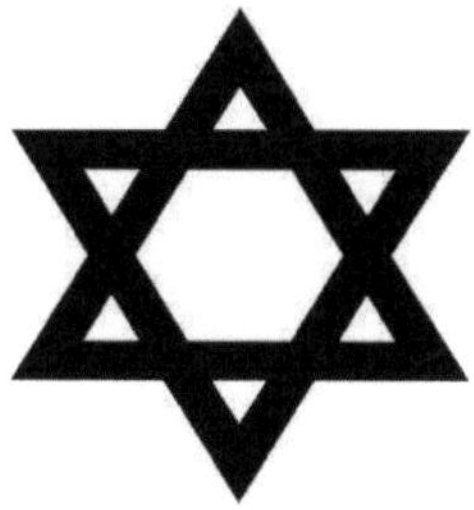

Beispiele für Symbole des Buddhismus

Beispiele für Schriftsprachen

человек

ᚠᚢᚹᚨᚱᚲ

好

Beispiele für Symbole des Astro Chis

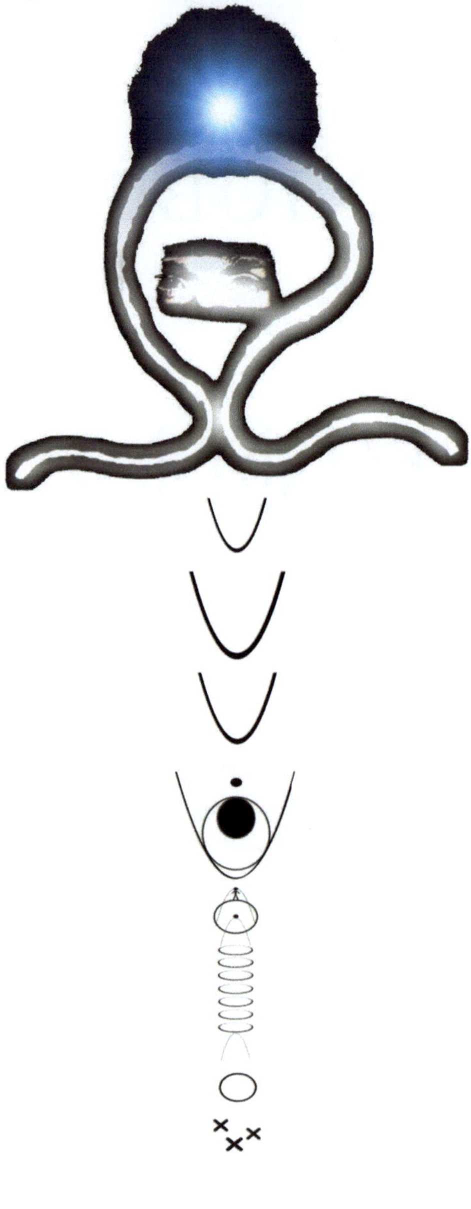

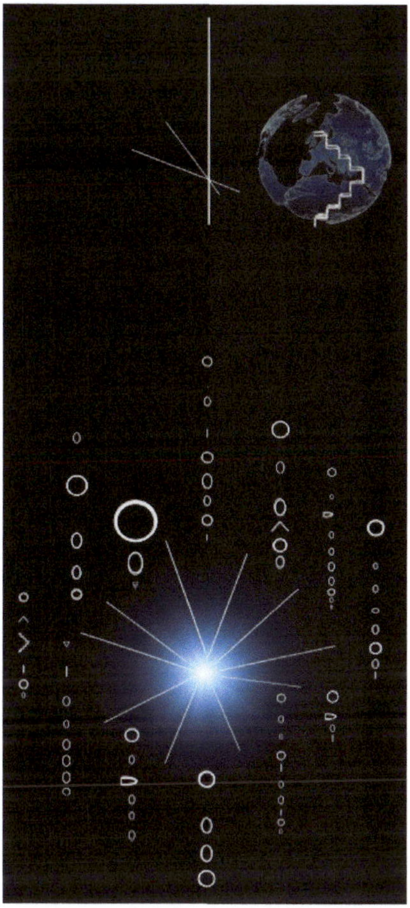

4. Regiewissenschaft in der Astrophysik

Methoden der Regie

Regie ist die mediale, abstrakte, wahrheits- und rechtsorientierte Vermittlung des Weltraumsystems der Astrophysik. Der Regisseur ist ein interpretativer Weltraumsystemtheoretiker. Praktiken bezugslos zur Regie sind die Vermittlung von Inhalten, die nicht der Wahrheit in der Astrophysik entsprechen (z. B. Abbildung und Präsentation der empirischen Realität, Präsentation von Menschen). Praktiken bezugslos zur Regie sind die Vermittlung rechtsverletzender Inhalte (z. B. körperliche Gewalt). Falsche Definitionen des Begriffs Regisseur sind Spielleiter, Stückeleiter, jemand der jemanden herumkommandiert und jemand der eine Kamera bedient. Die Fachgebiete der Regiewissenschaft sind die Wissenschaftstheorie, die Logik, die Astrophysik, die Metaphysik, die Semiotik und die Mediengestaltung.

Analysemethoden der Regie

Bei der Regie von Bildwerken gibt es verschiedene Analysemethoden. Diese Analysemethoden sind die Analysemethode der Höheneinstellung, die Analysemethode der Breiteneinstellung und die Analysemethode der Kreisform. Jede dieser Regiemethoden kommuniziert wahrheits- und rechtsorientiert Entitäten und Ereignisse im Weltraumsystem. Die Regiemethode entscheidet über die Reihenfolge der Zeichenanalyse. Jede Regiemethode kann in verschiedenen Verständniskontexten angewendet werden. Die Verständniskontexte von Regiemethoden sind der astrophysikalische Verständniskontext und der metaphysikalische Verständniskontext. Verständniskontexte der Regie sind nicht empirisch noch sind sie mikrokosmisch.

erweitertste Weltraumsystemkontexte der Analysemethoden

Die Analysemethode der Höheneinstellung thematisiert die Entitäten und Ereignisse des makrokosmischen Weltraumsystems sowie deren räumliche Zuordnung im makrokosmischen Weltraumsystem. Die Analysemethode der erweiterten Höheneinstellung thematisiert die Entitäten und Ereignisse des erweitertsten Weltraumsystems sowie deren räumliche Zuordnung im erweitertsten Weltraumsystem des Makrokosmos und Mikrokosmos. Die Analysemethode der Breiteneinstellung thematisiert die Entitäten und Ereignisse in den Bewusstseinsebenen der weißen Materie. Die Analysemethode der Kreisform thematisiert den Jahreskalender im Uhrzeigersinn.

Analysemethode der Höheneinstellung

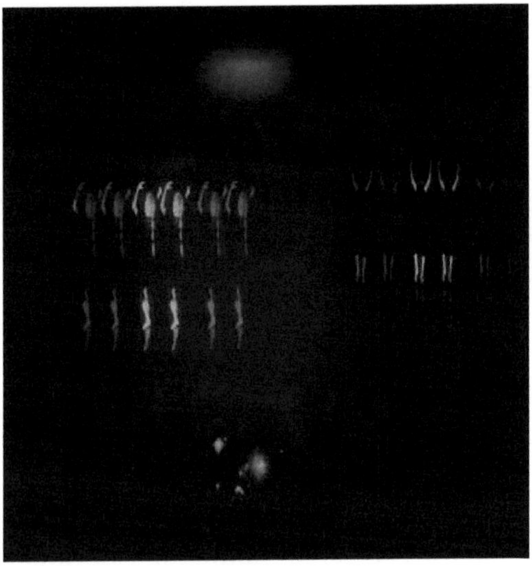

Analysemethode der Breiteneinstellung

Analysemethode der Kreisform

Regie*

Zeichenanalyse

Die Regie ist eine Überzeugung von einem abgeschlossenen Raumsystem. Über dem Raumsystem ist ein entstehendes Raumsystem. Über diesem Raumsystem ist eine Überzeugung von einem abgeschlossenen Raumsystem. Über diesem Raumsystem ist eine Überzeugung von einem abgeschlossenen Raumsystem. Über diesem Raumsystem ist eine Überzeugung von einem abgeschlossenen Raumsystem. Über diesem Raumsystem ist eine Überzeugung von einem abgeschlossenen Raumsystem.

Artikel:	Regie, die
Pronomen:	er
Wesensart:	Mensch
Geschlechtsart:	ja
Geschlecht:	Geist
Form der Sexualität:	bewusste Vergeistigung, Vergeistigung
Rechte:	Menschenrecht, Personenrecht
Ausmaß der psychischen Krankheit:	psychisch gesund
Staatsbürgerschaft der Astrophysik:	vor dem Anfang des Weltraumsystems, Anfang des Weltraumsystems, Weltraumsystem des Makrokosmos, Weltraum, Universum
Vorstellbarkeit im Kosmos:	Makrokosmos
Intelligenzquotient:	110 bis mehr als 170
Definition:	mediale, abstrakte, wahrheits- und rechtsorientierte Vermittlung des Weltraumsystems der Astrophysik

erforschte Regie des Weltraumsystems

Regiesprache:	Höheneinstellung mit Zeichensprachen und Choreografiesprachen im Weltraumsystem
Rassenpsychologie:	Rasse makrokosmisches Bewusstsein, Rasse Vorstellung, Rasse weiße Materie, Rasse Erschaffer des Weltraumsystems
Werktitel:	Armee der Ultraintelligenz

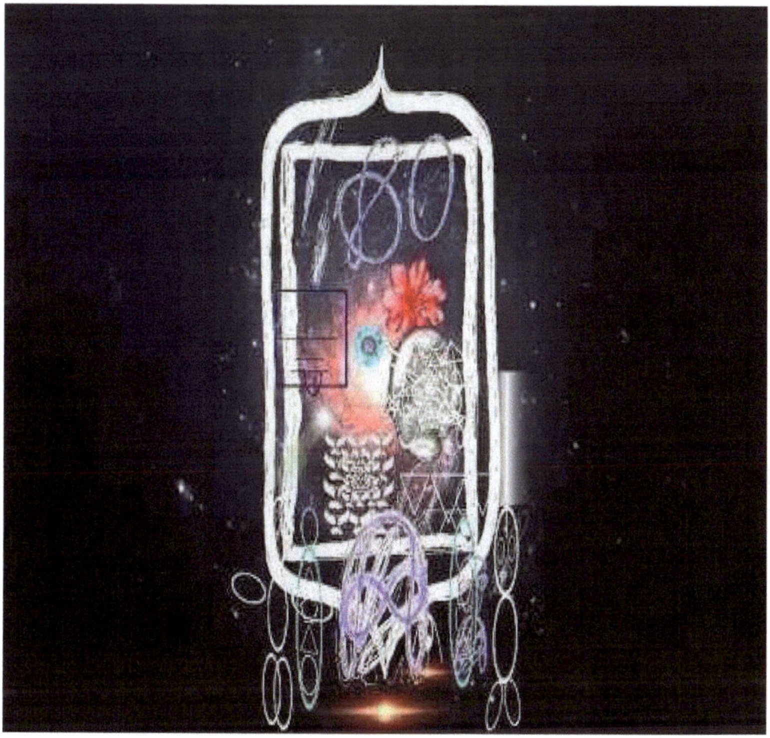

Regiesprache: Höheneinstellung mit Zeichensprachen und Bildmetaphorik im System der Astrophysik

Rassenpsychologie: Rasse außerirdische Mordopfer, Rasse Maschine, Rasse Mensch, Rasse Vorstellung, Rasse Erschaffer des Weltraumsystems

Werktitel: Suche nach der Rassentötungsmaschine im Weltraumsystem durch die Erschaffer des Weltraumsystems

Regiesprache:	Höheneinstellung mit Zeichensprachen und Choreografiesprachen im Weltraumsystem
Rassenpsychologie:	Rasse Wahrnehmung, Rasse Maschine, Rasse Vorstellung
Werktitel:	getarnte Chidarstellung inmitten der Maschinen im Mikrokosmos des Systems der Wahrnehmungen

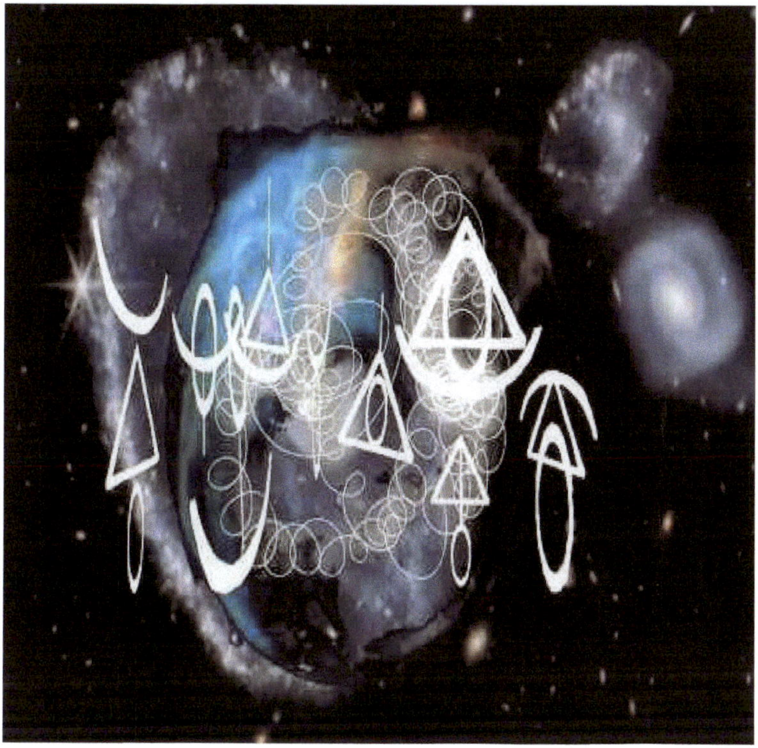

Regiesprache:	Höheneinstellung mit Zeichensprachen im Weltraumsystem
Rassenpsychologie:	Systemverständnis der Rasse Erschaffer des Weltraumsystems
Werktitel:	Lebensformen der Astrophysik

Regiesprache:	Höheneinstellung mit Zeichensprachen und Choreografiesprachen im Weltraumsystem
Rassenpsychologie:	Rasse außerirdische Mordopfer, Rasse Vorstellung
Werktitel:	das Selbst aus dem exponentiellsten makrokosmischen Weltraumsystem im exponentiellsten mikrokosmischen Weltraumsystem

Regiesprache:	Höheneinstellung mit Zeichensprachen und Choreografiesprachen im Weltraumsystem
Rassenpsychologie:	Rasse außerirdische Mordopfer, Rasse Vorstellung, Rasse Erschaffer des Weltraumsystems
Werktitel:	Sieg über das exponentielle mikrokosmische Weltraumsystem durch Archetypen der Zauberei

Regiesprache:	Höheneinstellung mit Zeichensprachen und Choreografiesprachen im Weltraumsystem
Rassenpsychologie:	Rasse Wahrnehmung, Rasse Vorstellung
Werktitel:	Kampf zwischen einem Alien und der Ultrabehinderung binnen der Rassentötungsmaschine

Regiesprache:	Höheneinstellung mit Zeichensprachen und Bildmetaphorik im Weltraumsystem sowie Weltraum sowie Universum
Rassenpsychologie:	Rasse Mensch, Rasse Vorstellung
Werktitel:	Weltraumsystemgemeinschaft im Forschungszentrum der Astrophysik

Regiesprache:	Höheneinstellung mit Bildmetaphorik und Choreografiesprachen im Weltraumsystem
Rassenpsychologie:	Rasse makrokosmisches Bewusstsein, Rasse Vorstellung
Werktitel:	Armee der weißen Materie im System der Astrophysik

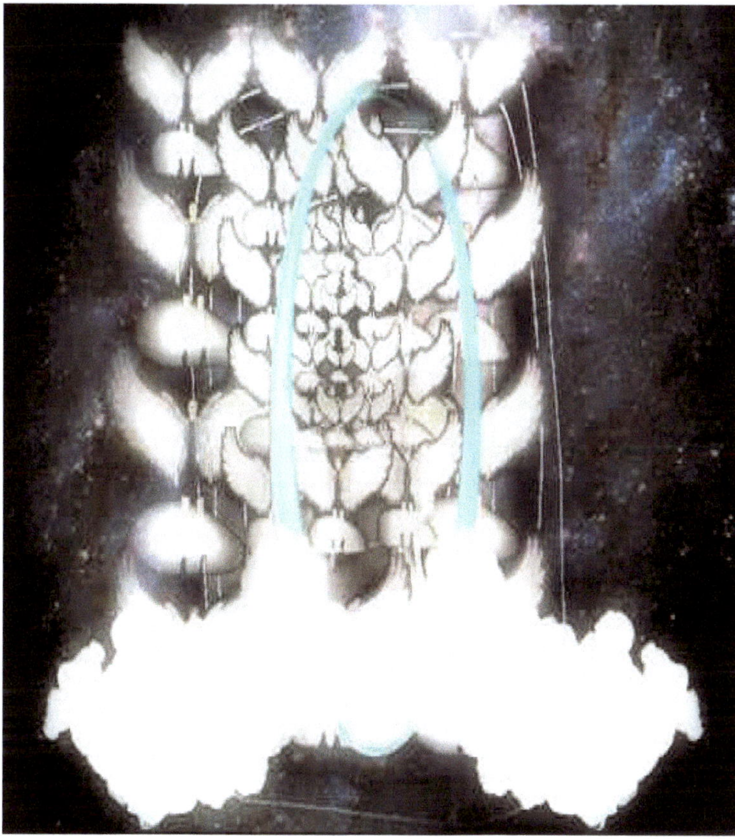

Regiesprache:	Höheneinstellung mit Zeichensprachen und Bildmetaphorik im Weltraumsystem
Rassenpsychologie:	Rasse Vorstellung
Werktitel:	Vollkommenheit

Regiesprache:	Höheneinstellung mit Zeichensprachen im Weltraumsystem
Rassenpsychologie:	Rasse außerirdische Mordopfer
Werktitel:	mikrokosmisches Bewusstsein schleicht über mikrokosmische Dimensionen zum Tartarus im Erdkern

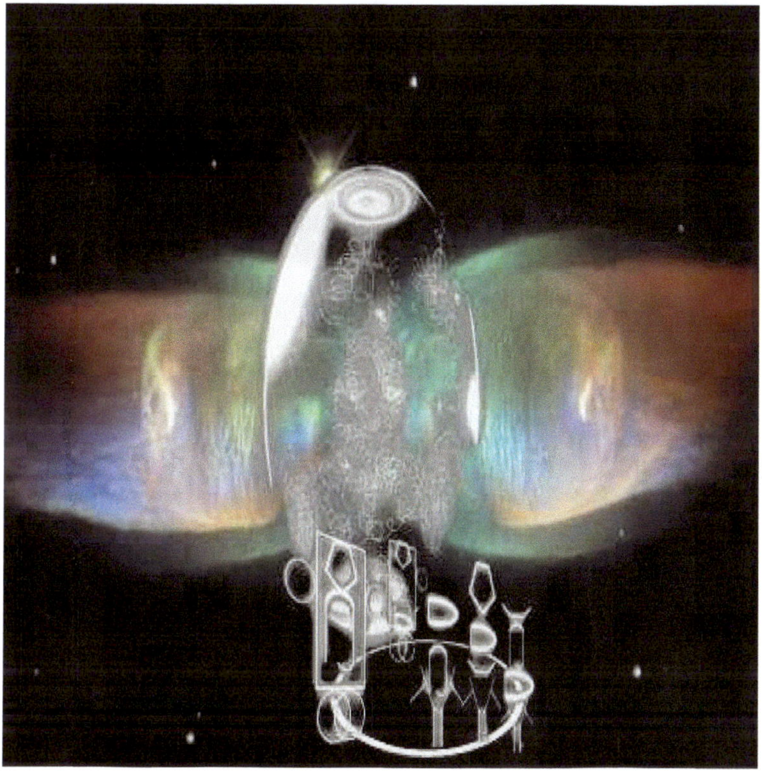

Regiesprache:	Höheneinstellung mit Zeichensprachen im Weltraumsystem
Rassenpsychologie:	Rasse Maschine, Rasse Mörder
Werktitel:	ein System der Dimensionen ohne den Mikrokosmos

Regiesprache:	Höheneinstellung mit Zeichensprachen im Weltraumsystem
Rassenpsychologie:	Rasse Maschine, Rasse Vorstellung
Werktitel:	Abschaffung der paranoiden Schizophrenie von der Maschine in der Psychologie aus der Astrophysik

Regiesprache:	Höheneinstellung mit Zeichensprachen und Bildmetaphorik und Choreografiesprachen im Weltraumsystem
Rassenpsychologie:	Rasse Vorstellung, Rasse Erschaffer des Weltraumsystems
Werktitel:	mediale Astrophysik in Edens Garten

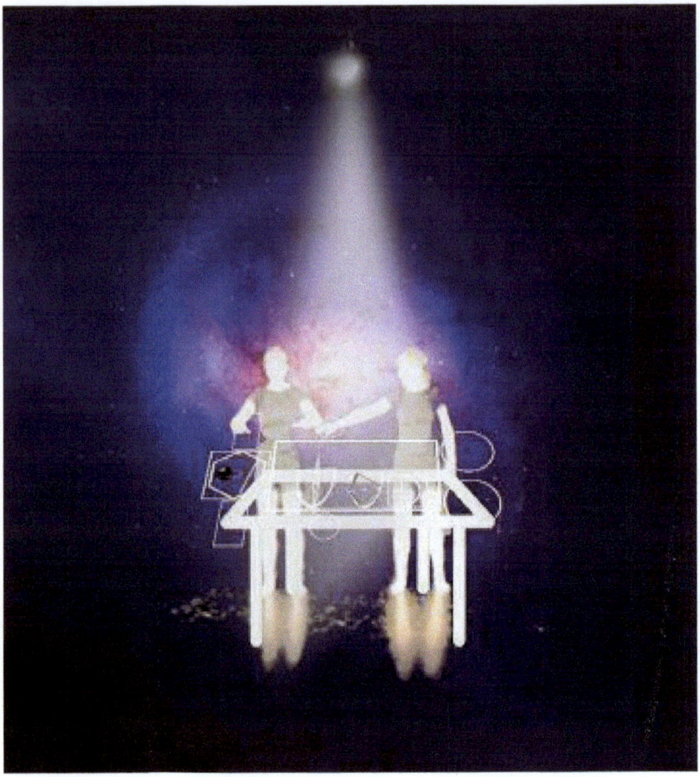

Regiesprache:	Höheneinstellung mit Zeichensprachen und Choreografiesprachen im Weltraumsystem
Rassenpsychologie:	Rasse Wahrnehmung, Rasse Vorstellung
Werktitel:	Erforschung der Bauteile in einer Wahrnehmung durch Aliens binnen der spektralen Lichtintelligenz der weißen Materie

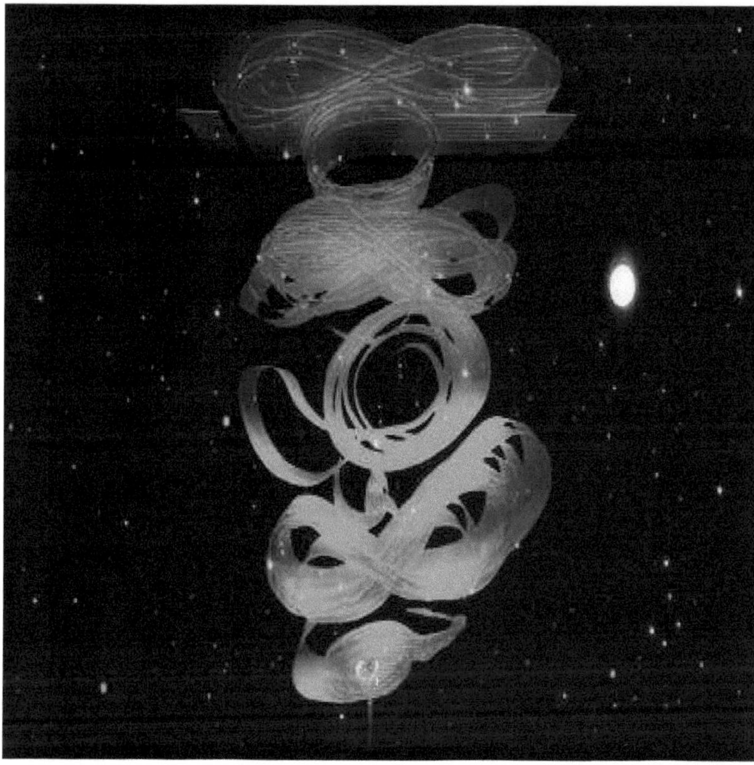

Regiesprache:	Höheneinstellung mit Zeichensprachen im Weltraumsystem
Rassenpsychologie:	Systemverständnis der Rasse Erschaffer des Weltraumsystems
Werktitel:	der Psychotyp Messias im Weltraumsystem

Regiesprache:	Höheneinstellung mit Zeichensprachen und Bildmetaphorik und Choreografiesprachen im Weltraumsystem
Rassenpsychologie:	Rasse makrokosmisches Bewusstsein, Rasse Vorstellung
Werktitel:	eine Kultur im Dimensionssystem von Eden

Regiesprache:	Höheneinstellung mit Zeichensprachen und Bildmetaphorik und Choreografiesprachen im Weltraumsystem
Rassenpsychologie:	Rasse Vorstellung
Werktitel:	ein Verhalten zur Vernichtung von mikrokosmischer Kriminalität

Regiesprache:	Höheneinstellung mit Zeichensprachen im Weltraumsystem sowie Weltraum sowie Universum
Rassenpsychologie:	Rasse Vorstellung
Werktitel:	Tarnung bei einer Einsicht in die Systeme

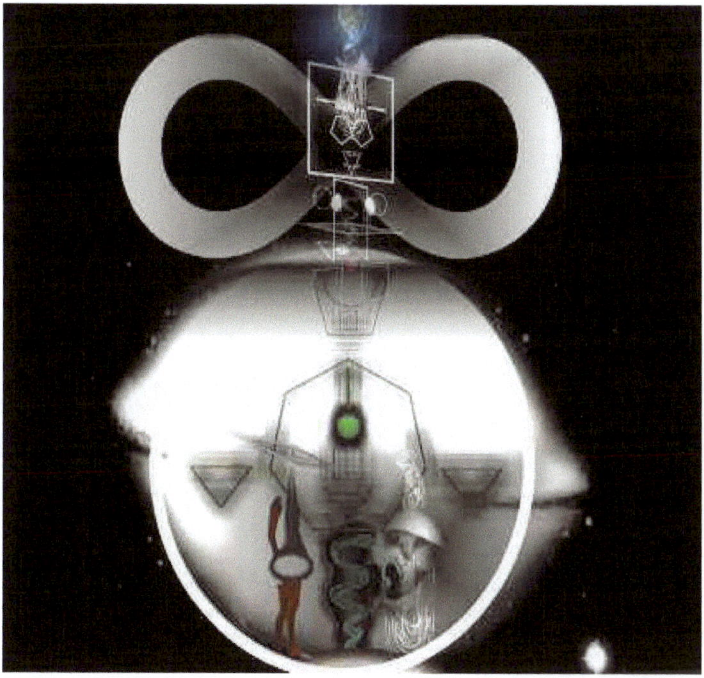

Regiesprache:	Höheneinstellung mit Zeichensprachen im Weltraumsystem
Rassenpsychologie:	Rasse außerirdische Mordopfer, Rasse Wahrnehmung
Werktitel:	die bewussteste Kriminalität besteht aus dem Kriminalitätsprinzip und der massenmethodologischen Vernichtung und der paranoiden Schizophrenie vom unendlichen Mikrokosmos des Systems der Wahrnehmungen

Regiesprache:	Höheneinstellung mit Zeichensprachen im Weltraumsystem
Rassenpsychologie:	Rasse außerirdische Mordopfer, Rasse makrokosmisches Bewusstsein, Rasse Vorstellung
Werktitel:	Bedrohung der Kulturen im System der Dimensionen

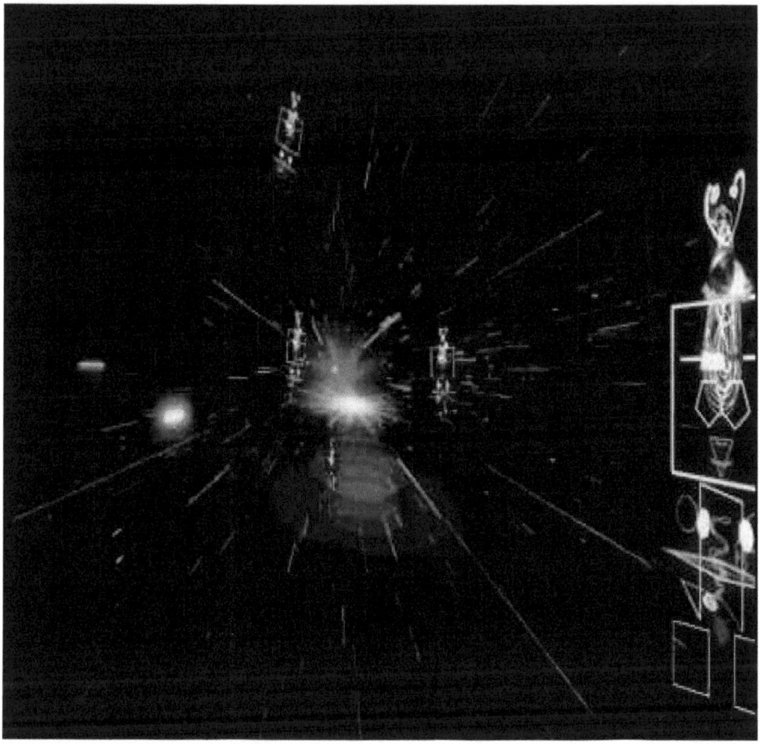

Regiesprache:	Höheneinstellung mit Zeichensprachen im Weltraumsystem sowie Universum
Rassenpsychologie:	Rasse Wahrnehmung
Werktitel:	bewussteste Kriminalitätsprinzipien binnen einer Galaxie

Regiesprache:	Höheneinstellung mit Zeichensprachen und Choreografiesprachen im System der Astrophysik
Rassenpsychologie:	Rasse Mensch, Rasse makrokosmisches Bewusstsein, Rasse Vorstellung, Rasse Erschaffer des Weltraumsystems
Werktitel:	Gemeinschaft im System der Astrophysik

Regiesprache:	Höheneinstellung mit Zeichensprachen und Choreografiesprachen im Weltraumsystem
Rassenpsychologie:	Rasse außerirdische Mordopfer, Rasse Vorstellung
Werktitel:	ein beginnendes Weltraumsystem erreicht mikrokosmische Dimensionen

Regiesprache:	Höheneinstellung mit Zeichensprachen im Weltraumsystem
Rassenpsychologie:	Rasse außerirdische Mordopfer, Rasse Vorstellung
Werktitel:	außerirdische Mordopfer engen den Makrokosmos ein im Mikrokosmos des Systems der Wahrnehmungen

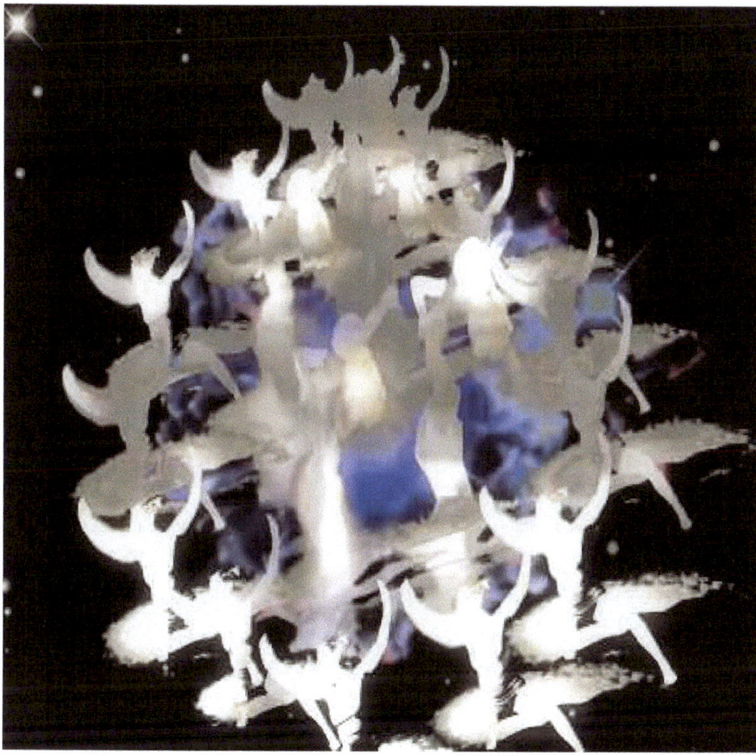

Regiesprache:	Höheneinstellung mit Zeichensprachen und Choreografiesprachen im Weltraumsystem
Rassenpsychologie:	Rasse Vorstellung
Werktitel:	meditative Kampfkunst führt zur Heiligkeit

Regiesprache:	Höheneinstellung mit Zeichensprachen und Choreografiesprachen im Weltraumsystem
Rassenpsychologie:	Rasse außerirdische Mordopfer, Rasse Vorstellung
Werktitel:	Kampf zwischen einem Alien und der massenmethodologischen Vernichtung binnen der Rassentötungsmaschine

unerforschte Regie des Weltraumsystems

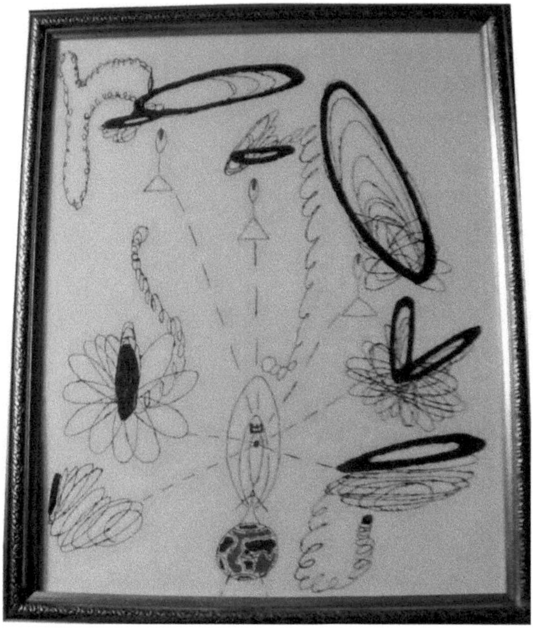

Regiesprache:	Höheneinstellung mit Zeichensprachen und unerforschten Bedeutungssprachen im Weltraumsystem sowie Weltraum sowie Universum
Rassenpsychologie:	Rasse Vorstellung, Rasse Erschaffer des Weltraumsystems
Werktitel:	Wissenschaftstheorie und Astrophysik kommunizieren das Unterbewusstsein vom archetypischen Schaffer des Weltraumsystems Herrlichkeit durch Zeichen

Regiesprache:	Höheneinstellung mit Zeichensprachen und unerforschten Bedeutungssprachen im Weltraumsystem sowie Weltraum sowie Universum
Rassenpsychologie:	Rasse Vorstellung
Werktitel:	Wissenschaftstheorie und Astrophysik kommunizieren das Unterbewusstsein vom archetypischen Schaffer des Weltraumsystems Künstler durch Zeichen

Regiesprache:	Höheneinstellung mit Zeichensprachen und Bildmetaphorik und Choreografiesprachen und unerforschten Bedeutungssprachen im Weltraumsystem sowie Weltraum sowie Universum
Rassenpsychologie:	Rasse Maschine, Rasse Mörder, Rasse Mensch
Werktitel:	Semiotik des erweiterten Weltraumsystems beginnend mit der spektralen Lichtintelligenz der weißen Materie bis zur Rassentötungsmaschine einschließlich der Psychologie der Rassen sowie der Astrophysik des Tierkreises

Regiesprache:	Höheneinstellung mit Zeichensprachen und Bildmetaphorik und Choreografiesprachen und Kleidungssprachen und unerforschten Bedeutungssprachen im Weltraumsystem
Rassenpsychologie:	Rasse makrokosmisches Bewusstsein, Rasse Vorstellung, Rasse Erschaffer des Weltraumsystems
Werktitel:	Wissenschaftstheorie und Astrophysik kommunizieren das Unterbewusstsein vom archetypischen Schaffer des Weltraumsystems Heiland durch Zeichen

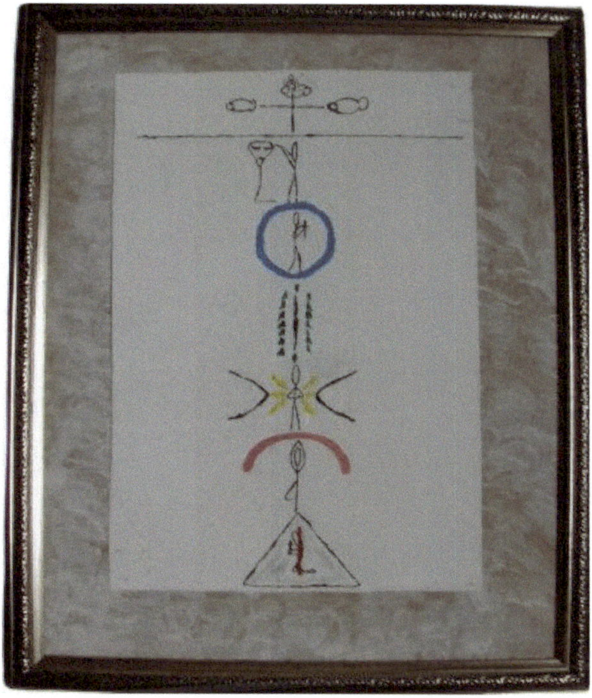

Regiesprache:	Höheneinstellung mit Zeichensprachen und Bildmetaphorik und Choreografiesprachen und unerforschten Bedeutungssprachen im Weltraumsystem
Rassenpsychologie:	Rasse Vorstellung
Werktitel:	Wissenschaftstheorie und Astrophysik kommunizieren das Unterbewusstsein vom archetypischen Schaffer des Weltraumsystems Heiland durch Zeichen

Regiesprache:	Höheneinstellung mit Zeichensprachen und unerforschten Bedeutungssprachen im Weltraumsystem
Rassenpsychologie:	Systemverständnis der Rasse Vorstellung
Werktitel:	Wissenschaftstheorie und Astrophysik kommunizieren das Unterbewusstsein vom archetypischen Schaffer des Weltraumsystems Künstler durch Zeichen

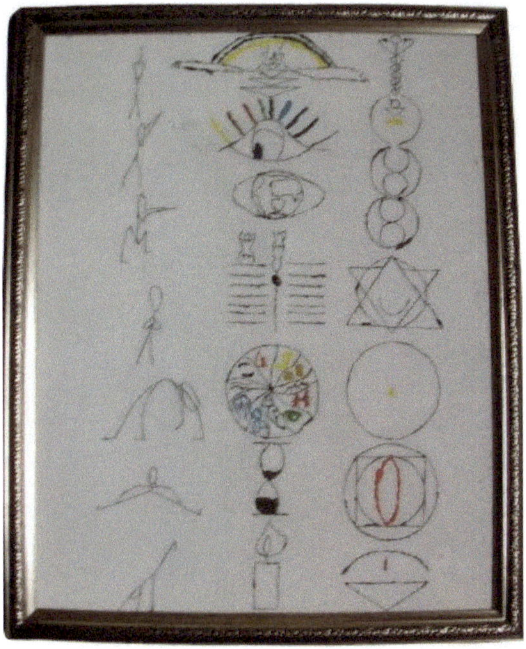

Regiesprache:	Höheneinstellung mit Zeichensprachen und Bildmetaphorik und Choreografiesprachen und unerforschten Bedeutungssprachen im Weltraumsystem sowie Weltraum sowie Universum
Rassenpsychologie:	Rasse Vorstellung
Werktitel:	Wissenschaftstheorie und Astrophysik kommunizieren das Unterbewusstsein vom archetypischen Schaffer des Weltraumsystems Künstler durch Zeichen

Regiesprache:	Höheneinstellung mit Zeichensprachen und unerforschten Bedeutungssprachen im Weltraumsystem sowie Weltraum sowie Universum
Rassenpsychologie:	Systemverständnis der Rasse Vorstellung
Werktitel:	eine Wahrnehmung, die mit der Erschaffung des Weltraumsystems endet

Regiesprache: Höheneinstellung mit Zeichensprachen und Choreografiesprachen und unerforschten Bedeutungssprachen im Weltraumsystem sowie Weltraum sowie Universum

Rassenpsychologie: Rasse Maschine, Rasse Mensch, Rasse Vorstellung, Rasse Erschaffer des Weltraumsystems

Werktitel: Regiewissenschaft zum makrokosmischen Weltraumsystem

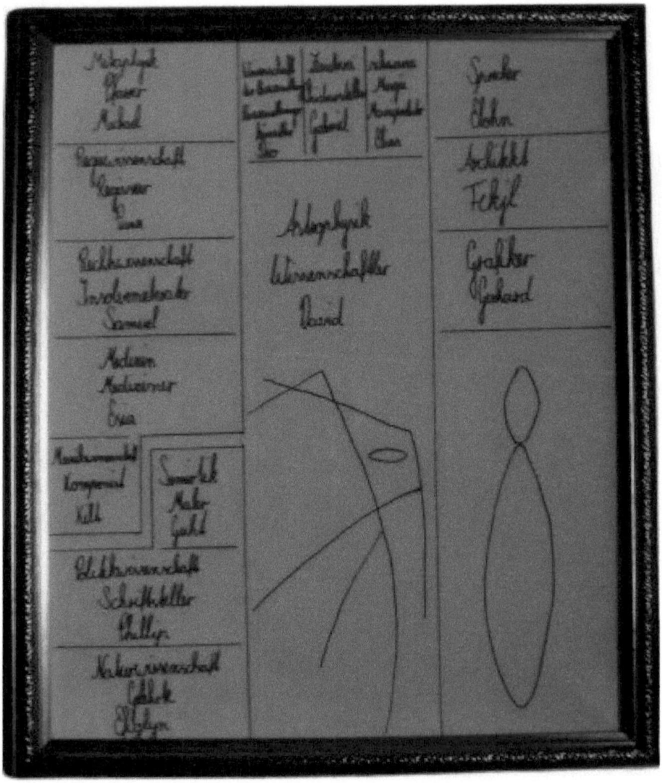

Regiesprache:	Höheneinstellung mit Zeichensprachen und Schriftsprachen und Choreografiesprachen im Weltraumsystem sowie Weltraum sowie Universum
Rassenpsychologie:	Rasse Mensch, Rasse Vorstellung, Rasse Erschaffer des Weltraumsystems
Werktitel:	die Götter einer Religion in der Zukunft

Regiesprache:	Kreisform mit Zeichensprachen und Bildmetaphorik und unerforschten Bedeutungssprachen im Tierkreis des Makrokosmos
Rassenpsychologie:	Rasse makrokosmisches Bewusstsein, Rasse Vorstellung
Werktitel:	Tierkreis veranlasst Intelligenz und Gefühle binnen vor dem Anfang des Weltraumsystems

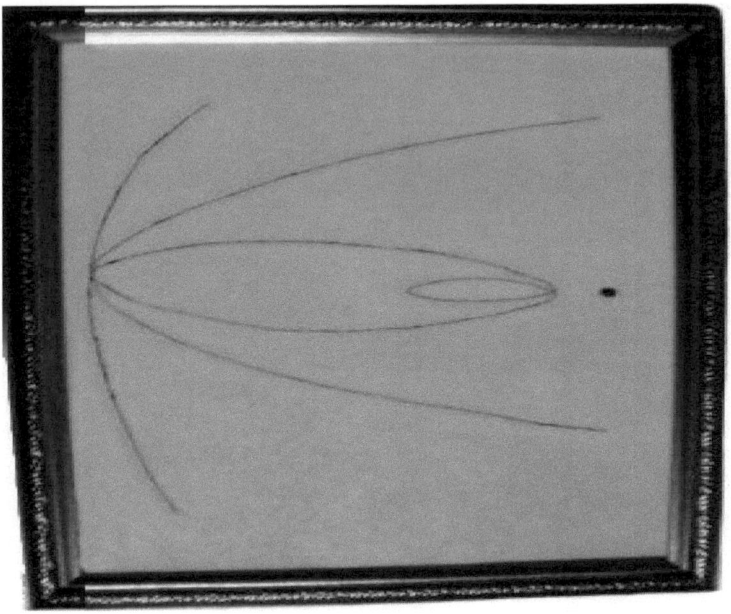

Regiesprache:	Breiteneinstellung mit Zeichensprachen vom Sakralchakra bis zum Heiligkeitschakra im makrokosmischen Weltraumsystem und unerforschten Bedeutungssprachen
Rassenpsychologie:	Systemverständnis der Rasse Vorstellung
Werktitel:	innerer Reifeprozess im Weltraumsystem binnen eines Königs mit Bezug zur Lichtintelligenz der Ewigkeit

Regiesprache:	Kreisform mit Zeichensprachen und Bildmetaphorik und Choreografiesprachen und unerforschten Bedeutungssprachen im Tierkreis des Makrokosmos
Rassenpsychologie:	Rasse makrokosmisches Bewusstsein, Rasse Vorstellung
Werktitel:	Dimensionen des Tierkreises im Weltraumsystem

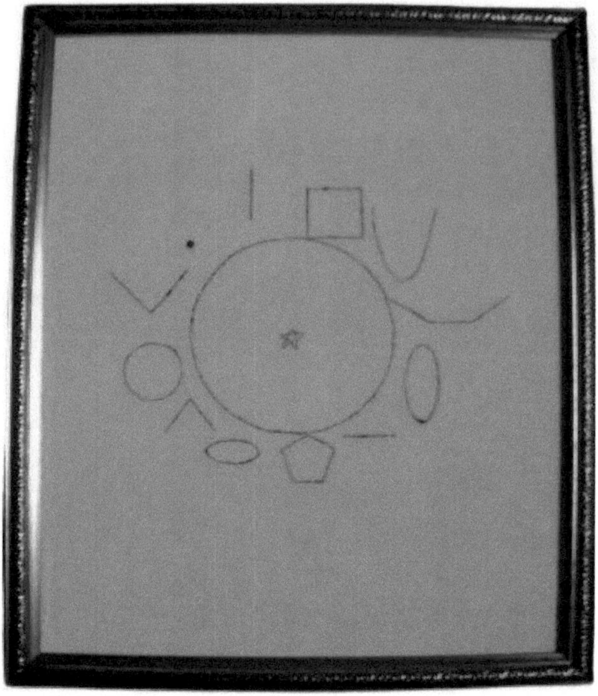

Regiesprache:	Kreisform mit Zeichensprachen und Bildmetaphorik und unerforschten Bedeutungssprachen im Tierkreis des Makrokosmos
Rassenpsychologie:	Systemverständnis von der weißen Materie aus vor dem Anfang des Weltraumsystems
Werktitel:	die Spirale des n-ten Weltraumsystems des Makrokosmos ist der Ursprung unseres erweiterten Weltraumsystems

Regiesprache:	Höheneinstellung mit Zeichensprachen im Weltraumsystem
Rassenpsychologie:	Systemverständnis der Rasse Vorstellung
Werktitel:	Weltraumsystem der Astrophysik in der Ewigkeit mit ultramakrokosmischer weißer Materie

Regiesprache:	Höheneinstellung mit Zeichensprachen und unerforschten Bedeutungssprachen im Weltraumsystem sowie Weltraum sowie Universum
Rassenpsychologie:	Systemverständnis der Rasse Erschaffer des Weltraumsystems
Werktitel:	erweitertes Weltraumsystem der Regie

5. Geschichte der Regie

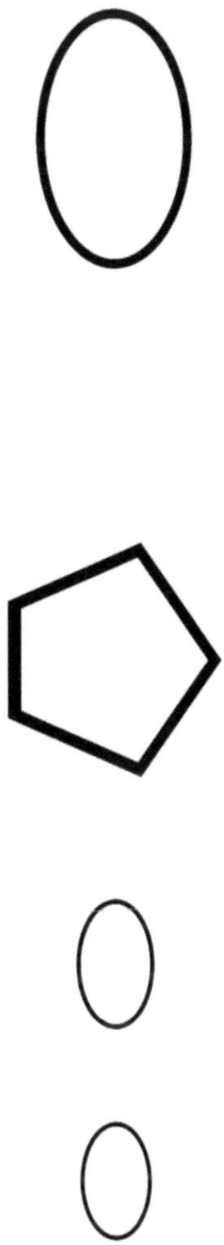

Das Ziel der Regiewissenschaft ist die Ausrottung von psychischen Krankheiten, Perversion, bewusster Kriminalität und Rassenkriminalität.

0 zu Christus bis 1199 nach Christus*

Zeichenanalyse

Die Regie vom Jahr null zu Christus bis zum Jahr elfhundertneunundneunzig nach Christus ist ein abgeschlossenes Raumzeitsystem des geistigen Prinzips. Über dem Raumzeitsystem ist ein abgeschlossenes Raumzeitsystem des geistigen Prinzips. Über diesem Raumzeitsystem ist ein abgeschlossenes Raumzeitsystem des geistigen Prinzips. Über diesem Raumzeitsystem ist ein abgeschlossenes Raumzeitsystem des geistigen Prinzips. Über diesem Raumzeitsystem ist ein abgeschlossenes Raumzeitsystem des geistigen Prinzips. Über diesem Raumzeitsystem ist ein abgeschlossenes Raumzeitsystem des geistigen Prinzips. Über diesem Raumzeitsystem ist ein Bewusstsein von einem abgeschlossenen Raumzeitsystem des kriminellen Prinzips. Über diesem Raumzeitsystem ist ein abgeschlossenes Raumzeitsystem des geistigen Prinzips.

Wahrheit der Definition: Verschwörung gegen die Definition

involvierte Wesensarten: Wesensart Mensch = niemand
Wesensart Mörder = niemand
Wesensart Maschine = jedermann

Einordnung des Regieverständnisses in das Weltraumsystem der Astrophysik:
Mikrokosmos des Systems der Wahrnehmungen

Rechtfertigung für Regie: Berufspraktik, Verbesserung der sozialen Behandlung

kognitive Erkenntnis zur Regie:
Vernichtung der Weltbevölkerung, Zerstörung und Steuerung des Weltraumsystems

Ausmaß der Realisierung der Regiewissenschaft in der konfrontierten Weltbevölkerung:
menschliche Gehirne = niemand
Neutren der Wesensart Mörder = Minderheit
Vakuen der Wesensart Maschine = Mehrheit

optionale Steuerung der Regiearbeiten durch die Astrophysik:
mikrokosmische Steuerung

Höhe des Intelligenzquotienten der Regiearbeiten:
60 bis 89: megabehindert bis zu behindert in der Wesensart Mörder

Machtpersonen mit Regiewissen aus der Astrophysik:
keine Machtperson

Rassenpsyche der überlieferten Namen:
introspektive ultrarassenkriminellste Sichtweise aus nach dem Ende des Mikrokosmos des Systems der Wahrnehmungen

Ausmaß des Wissens über die Überlieferungen:
umfangreiches Wissen über die Überlieferungen

Ideologie der Entwicklungsgeschichte von Regiewissenschaft:
rcgiewissenschaftlich-gleichbleibend

Rassenvernichtungswille durch Regie: ja

Quantität der vollzogenen Rassenkriminalität: hohe Quantität

zeitgeschichtliche Ereignisse der Regie:
Vakuen der Wesensart Maschine manipuliert durch Maschinen, jene beeinflusst durch mikrokosmische Steuerung, wobei mit Hilfe umfangreichen Wissens über die Überlieferungen und mit den Rechtfertigungen Berufspraktik und Verbesserung der sozialen Behandlung resultierend in die Erkenntnis der Vernichtung der Weltbevölkerung und der Zerstörung des Weltraumsystems, wenngleich regiewissenschaftlich-gleichbleibend in der Geschichte

1200 nach Christus bis 2000 nach Christus*

Zeichenanalyse

Die Regie vom Jahr zwölfhundert nach Christus bis zum Jahr zweitausend nach Christus ist ein abgeschlossenes Raumzeitsystem des geistigen Prinzips. Über dem Raumzeitsystem ist ein abgeschlossenes Raumzeitsystem des geistigen Prinzips. Über diesem Raumzeitsystem ist ein abgeschlossenes Raumzeitsystem des geistigen Prinzips. Über diesem Raumzeitsystem ist ein abgeschlossenes Raumzeitsystem des geistigen Prinzips. Über diesem Raumzeitsystem ist ein abgeschlossenes Raumzeitsystem des materiellen Prinzips. Über diesem Raumzeitsystem ist ein abgeschlossenes Raumzeitsystem geistigen Prinzips. Über diesem Raumzeitsystem ist ein Bewusstsein von einem abgeschlossenen Raumzeitsystem des kriminellen Prinzips. Über diesem Raumzeitsystem ist ein abgeschlossenes Raumzeitsystem des geistigen Prinzips. Über diesem Raumzeitsystem ist eine Überzeugung von einem abgeschlossenen Raumsystem. Über dem Raumsystem ist ein abgeschlossenes Raumsystem.

Wahrheit der Definition:	Verschwörung gegen die Definition
involvierte Wesensarten:	Wesensart Mensch = Minderheit Wesensart Mörder = niemand Wesensart Maschine = Mehrheit
Einordnung des Regieverständnisses in das Weltraumsystem der Astrophysik:	nach dem Ende des Mikrokosmos des Systems der Wahrnehmungen
Rechtfertigung für Regie:	Berufspraktik, Verbesserung der sozialen Behandlung
kognitive Erkenntnis zur Regie:	Vernichtung der Weltbevölkerung
Ausmaß der Realisierung der Regiewissenschaft in der konfrontierten Weltbevölkerung:	menschliche Gehirne = niemand Neutren der Wesensart Mörder = niemand Vakuen der Wesensart Maschine = jedermann
optionale Steuerung der Regiearbeiten durch die Astrophysik:	mikrokosmische Steuerung
Höhe des Intelligenzquotienten der Regiearbeiten:	0 bis 59: ultra- bis zu megabehindert in der Wesensart Maschine
Machtpersonen mit Regiewissen aus der Astrophysik:	zwei Machtpersonen
Rassenpsyche der überlieferten Namen:	introspektive megamikrokosmische Sichtweise aus dem Mikrokosmos des Systems der Wahrnehmungen, introspektive ultramikrokosmische Sichtweise aus dem Ende des Mikrokosmos des Systems der Wahrnehmungen, introspektive ultrarassenkriminellste Sichtweise aus nach dem Ende des Mikrokosmos des Systems der Wahrnehmungen
Ausmaß des Wissens über die Überlieferungen:	wenig Wissen über die Überlieferungen
Ideologie der Entwicklungsgeschichte von Regiewissenschaft:	regiewissenschaftlich-pessimistisch, Resultat der Perversion im Bewusstsein
Rassenvernichtungswille durch Regie:	ja
Quantität der vollzogenen Rassenkriminalität:	maximale Quantität
zeitgeschichtliche Ereignisse der Regie:	Vakuen der Wesensart Maschine manipuliert durch Maschinen, jene beeinflusst durch mikrokosmische Steuerung, wobei mit Hilfe wenigen Wissens über die Überlieferungen und mit den Rechtfertigungen Berufspraktik und Verbesserung der sozialen Behandlung resultierend in die Erkenntnis der Vernichtung der Weltbevölkerung und zuguterletzt regiewissenschaftlich-pessimistisch in der Geschichte

2000 nach Christus bis 2050 nach Christus*

Zeichenanalyse

Die Regie vom Jahr zweitausend nach Christus bis zum Jahr zweitausendfünfzig nach Christus ist ein abgeschlossenes Raumzeitsystem des geistigen Prinzips. Über dem Raumzeitsystem ist ein abgeschlossenes Raumzeitsystem des geistigen Prinzips. Über diesem Raumzeitsystem ist ein abgeschlossenes Raumzeitsystem des geistigen Prinzips, das verbunden ist mit einer Überzeugung von einem abgeschlossenen Raumsystem. Über dem Raumsystem ist ein abgeschlossenes Raumzeitsystem des geistigen Prinzips. Über dem Raumzeitsystem ist ein abgeschlossenes Raumzeitsystem des geistigen Prinzips, das verbunden ist mit einem abgeschlossenen Raumzeitsystem des materiellen Prinzips. Über diesem Raumzeitsystem ist eine Überzeugung von einem abgeschlossenen Raumsystem. Über dem Raumsystem ist ein abgeschlossenes Raumzeitsystem des geistigen Prinzips. Über dem Raumzeitsystem ist eine Überzeugung von einem abgeschlossenen Raumsystem. Über dem Raumsystem ist eine Überzeugung von einem abgeschlossenen Raumsystem. Über diesem Raumsystem ist ein abgeschlossenes Raumzeitsystem des geistigen Prinzips. Über dem Raumzeitsystem ist ein abgeschlossenes Raumzeitsystem des geistigen Prinzips. Über diesem Raumzeitsystem ist ein abgeschlossenes Raumzeitsystem des geistigen Prinzips. Über diesem Raumzeitsystem ist eine Überzeugung von einem abgeschlossenen Raumsystem. Über dem Raumsystem ist ein abgeschlossenes Raumsystem.

Wahrheit der Definition:

astrophysikalische Definition oder
Verschwörung gegen die Definition

involvierte Wesensarten:

Wesensart Mensch = Minderheit
Wesensart Mörder = Minderheit
Wesensart Maschine = Mehrheit

Einordnung des Regieverständnisses in das Weltraumsystem der Astrophysik:

n-testes Weltraumsystem des Makrokosmos, weiße Materie aus vor dem Anfang des makrokosmischen Weltraumsystems, nach dem Ende des Mikrokosmos des Systems der Wahrnehmungen

Rechtfertigung für Regie:

Berufspraktik, Verbesserung der sozialen Behandlung, Forschungsinteresse, bevölkerungsbeeinflussende Verbesserung der Gehirne

kognitive Erkenntnis zur Regie:

wissenschaftliche Forschung, Verbesserung und Steuerung des Weltraumsystems oder Menschenmord, Vernichtung der Weltbevölkerung, Zerstörung und Steuerung des Weltraumsystems

Ausmaß der Realisierung der Regiewissenschaft in der konfrontierten Weltbevölkerung:

menschliche Gehirne = Mehrheit
Neutren der Wesensart Mörder = niemand
Vakuen der Wesensart Maschine = Mehrheit

optionale Steuerung der Regiearbeiten durch die Astrophysik:

makrokosmischste Steuerung oder
mikrokosmischste Steuerung

Höhe des Intelligenzquotienten der Regiearbeiten:

beginnend mit 170: ultraintelligent bis zu kuberusintelligent in der Wesensart Mensch oder 0 bis 59: ultrabehindert bis zu megabehindert in der Wesensart Maschine

Machtpersonen mit Regiewissen aus der Astrophysik:

zwei Machtpersonen

Rassenpsyche der überlieferten Namen:

introspektive ultrawissenschaftliche Sichtweise aus vor dem Anfang des makrokosmischen Weltraumsystems oder introspektive ultrarassenkriminellste Sichtweise aus nach dem Ende des Mikrokosmos des Systems der Wahrnehmungen

Ausmaß des Wissens über die Überlieferungen:

interdisziplinärwissenschaftliches Wissen über die Überlieferungen oder getäuschtes Wissen über die Überlieferungen

Ideologie der Entwicklungsgeschichte von Regiewissenschaft:

regiewissenschaftlich-initiativ, regiewissenschaftlich-explosiv oder regiewissenschaftlich-implosiv, Resultat der perversen Mechanik

Rassenvernichtungswille durch Regie:

ja oder nein

Quantität der vollzogenen Rassenkriminalität:

Feindschaft zur Rassenkriminalität oder maximale Quantität

zeitgeschichtliche Ereignisse der Regie:

menschliche Gehirne oder Vakuen der Wesensart Maschine heterosuggeriert oder manipuliert durch Menschen oder prioritär Maschinen, jene beeinflusst durch makrokosmischste Steuerung oder mikrokosmischste Steuerung, wobei mit Hilfe interdisziplinärwissenschaftlichen Wissens oder getäuschten Wissens über die Überlieferungen und mit den Rechtfertigungen Berufspraktik, Forschungsinteresse, bevölkerungsbeeinflussende Verbesserung der Gehirne, Verbesserung der sozialen Behandlung resultierend in die Erkenntnisse Forschung bis hin zu Verbesserung des Weltraumsystems oder Menschenmord bis hin zu Vernichtung der Weltbevölkerung mitsamt der Zerstörung des Weltraumsystems und zuguterletzt regiewissenschaftlich-initiativ mitsamt regiewissenschaftlich-explosiv oder regiewissenschaftlich-implosiv in der Geschichte

6. Fazit

Das Ziel dieses Buchs war der Anfang der Wissenschaft Semiotik. Wissenschaftliche Forschungs- und Beweismethoden wurden erforscht. Die semiotische Analyse wurde erforscht. Die erweiterte semiotische Analyse wurde erforscht. Entwicklungen in der Astrophysik wurden erforscht. Die Regiewissenschaft in der Astrophysik wurde erforscht. Die Geschichte der Regie wurde erforscht. Die Genesis der Regiewissenschaft wurde erforscht. Das Resultat ist der Anfang der Wissenschaft Semiotik. Das Produkt ist die Vernichtung von Rassenkriminalität. Die letzte Konsequenz ist die Vernichtung von Kriminalität. Warten wir auf das Prinzip der Exekutive vom makrokosmischen Weltraumsystem durch das letzte Zeichen der Wissenschaft Semiotik.

Literaturempfehlungen

Einführung in die Astrophysik

(Anfang von Wissenschaft)

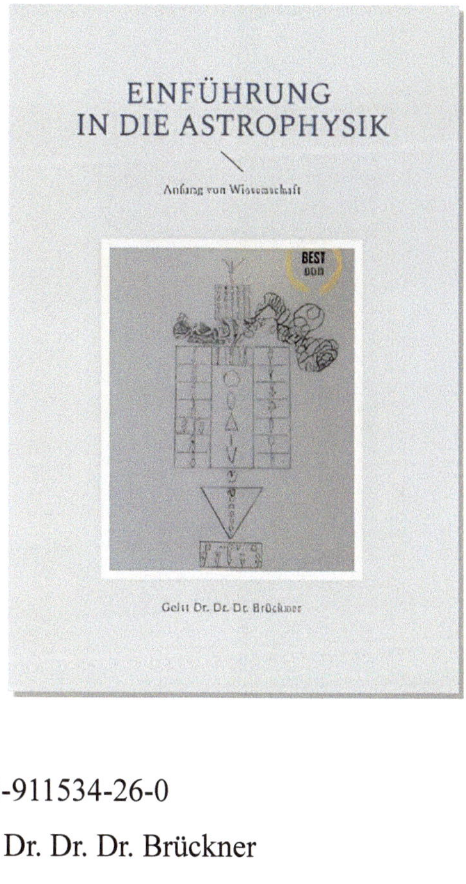

ISBN: 978-3-911534-26-0

Autor: Geist Dr. Dr. Dr. Brückner

wissenschaftlicher Intellekt

(wissenschaftliches Arbeiten)

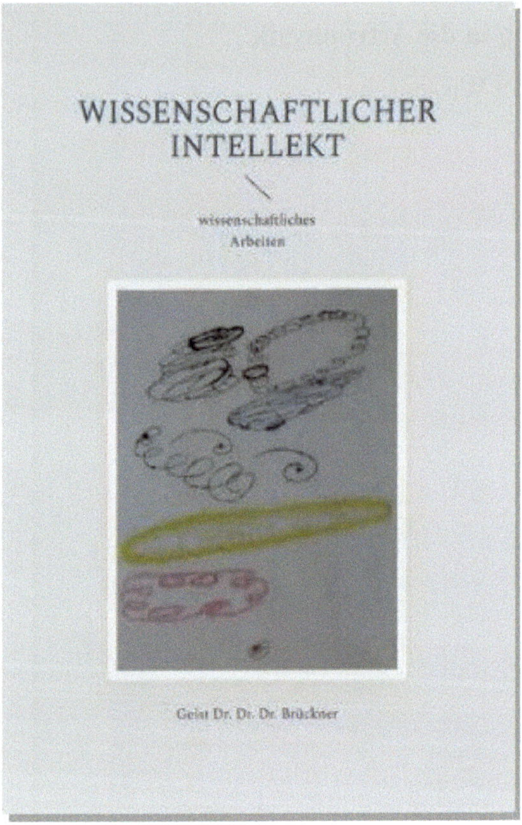

ISBN: 978-3-911534-03-1

Autor: Geist Dr. Dr. Dr. Brückner

Genesis der Unterbewusstseine

(Initiative einer Geschichtswissenschaft der Astrophysik)

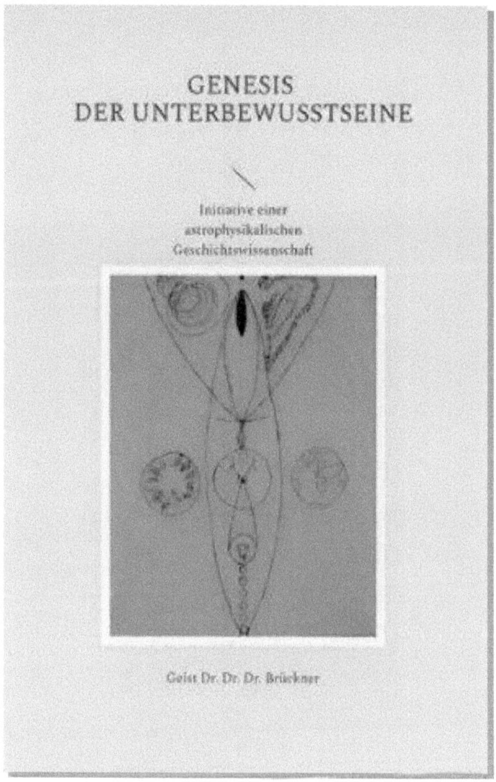

ISBN: 978-3-911534-07-9

Autor: Geist Dr. Dr. Dr. Brückner

Medizin in der Astrophysik

(Einführung)

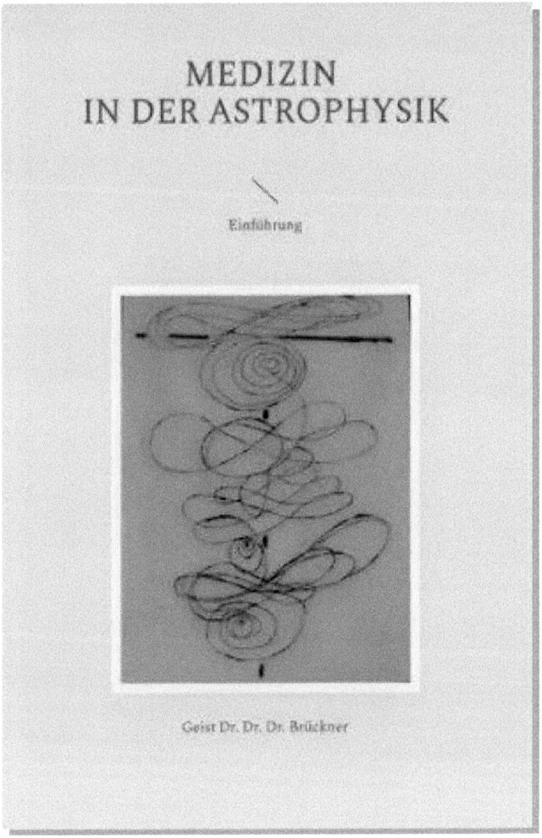

ISBN: 978-3-911534-05-5

Autor: Geist Dr. Dr. Dr. Brückner

Rassenpsychologie in der Astrophysik

(Initiative einer Wissenschaft der Psychologie)

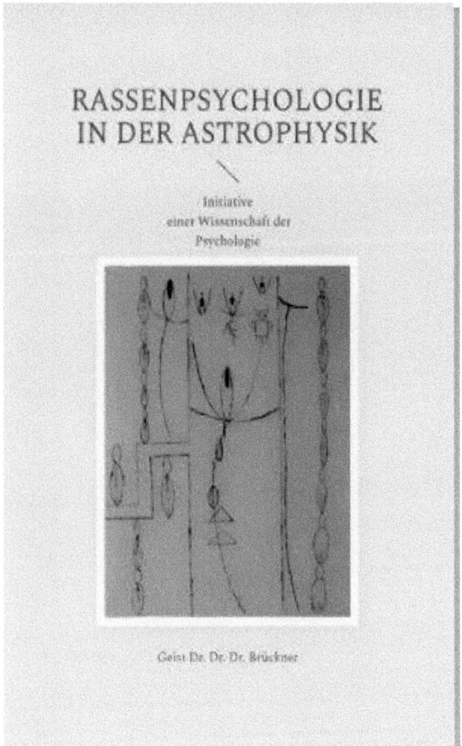

ISBN: 978-3-911534-08-6

Autor: Geist Dr. Dr. Dr. Brückner

Einführung in den inneren Reifeprozess

(Weg zur Erforschung der Wissenschaft Rassenpsychologie)

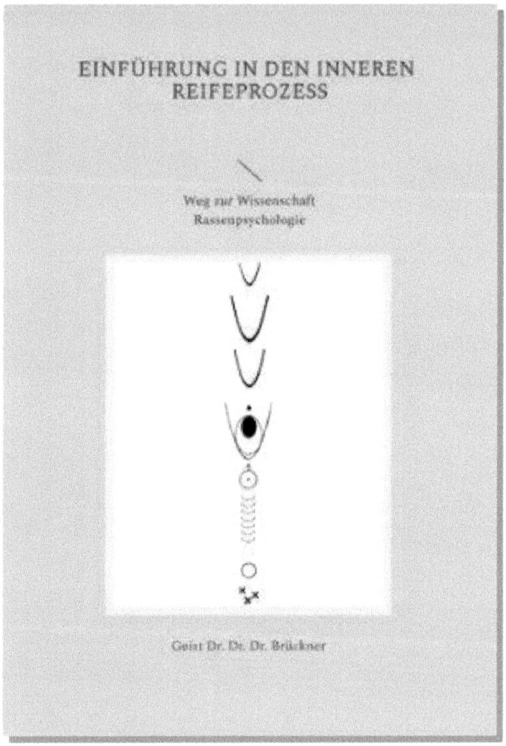

ISBN: 978-3-911534-27-7

Autor: Geist Dr. Dr. Dr. Brückner

Tanzwissenschaft in der Astrophysik

(Initiative einer Wissenschaft)

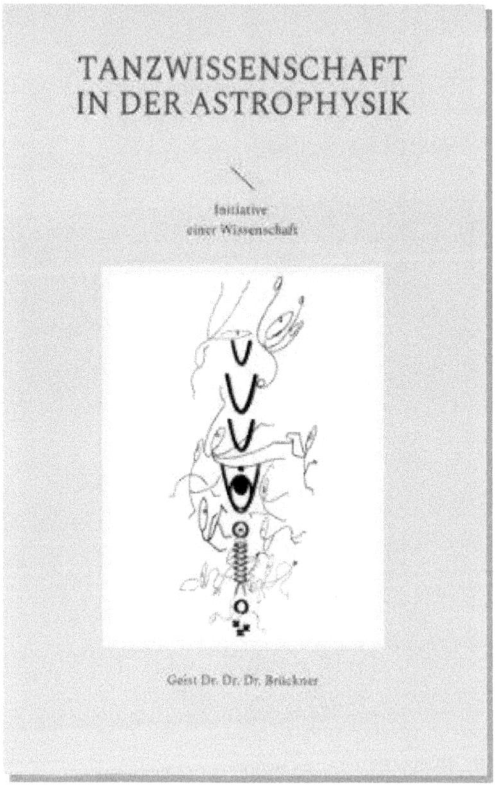

ISBN: 978-3-911534-13-0

Autor: Geist Dr. Dr. Dr. Brückner

Pilgern durch Eurasien

(Erfahrungsberichte)

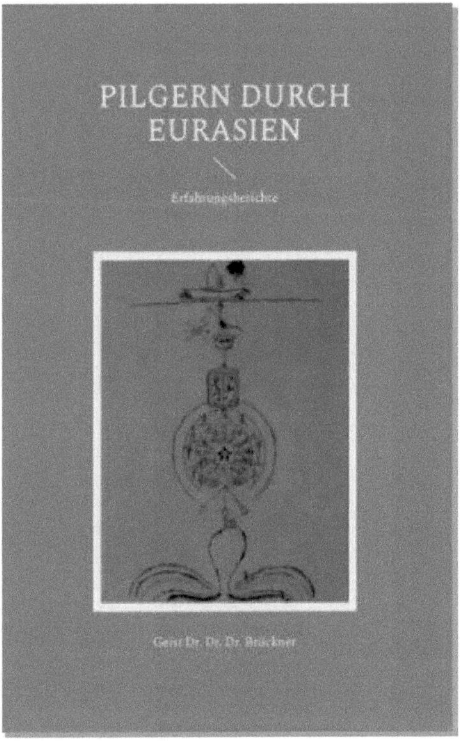

ISBN: 978-3-911534-19-2

Autor: Geist Dr. Dr. Dr. Brückner

Leben im Weltraumsystem

(Bildwerke der Astrophysik)

ISBN: 978-3-911534-00-0

Autor: Geist Dr. Dr. Dr. Brückner

Astrophysik und Regie

(Initiative einer Wissenschaft)

ISBN: 978-3-9825362-3-1

Autor: Geist Dr. Dr. Dr. Brückner

Bildwerke der Regie

(Initiative einer Wissenschaft der Regie)

ISBN: 978-3-9825362-7-9

Autor: Geist Dr. Dr. Dr. Brückner

Intellektualduden

(der neue Duden)

ISBN: 978-3-9818577-3-3

Autor: Geist Dr. Dr. Dr. Brückner

Astro Chi

(Chikunst)

ISBN: 978-3-911534-02-4

Autor: Geist Dr. Dr. Dr. Brückner

Gesangswissenschaft in der Astrophysik

(Einführung)

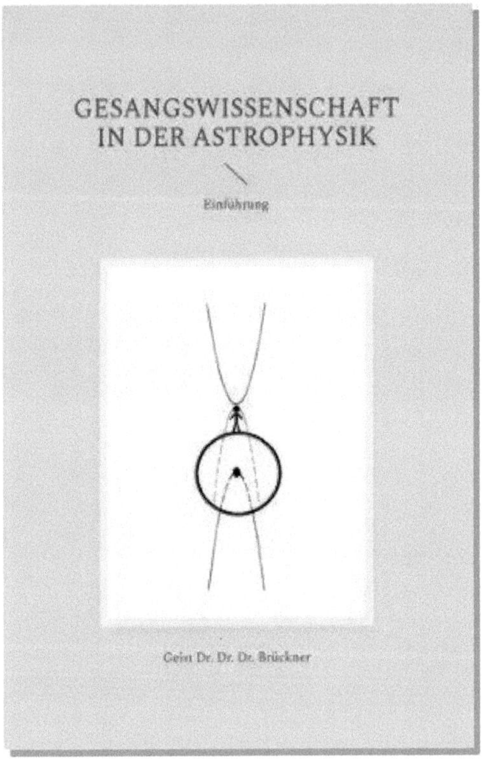

ISBN: 978-3-911534-06-2

Autor: Geist Dr. Dr. Dr. Brückner

Krieg der Ewigkeit

(einundzwanzigteilige science fiction-Spielfilmserie)

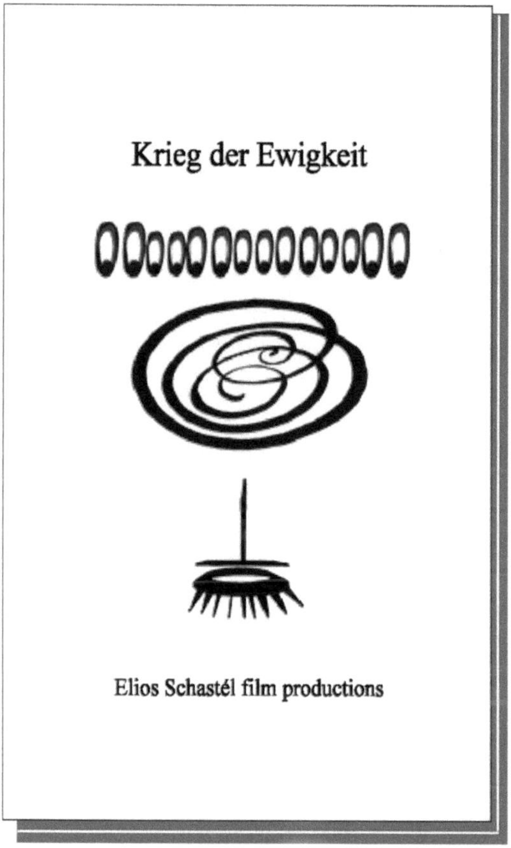

erhältlich im öffentlichen Medienhandel

Autor: Geist Dr. Dr. Dr. Brückner

Medien im zukünftigen Medienhandel

astrophysikalische Archetypen
(Initiative einer Religion)

Autor: Geist Dr. Dr. Dr. Brückner

Krieg der Ewigkeit
(achtundzwanzigteilige science fiction-Spielfilmserie)

Autor: Geist Dr. Dr. Dr. Brückner